मुसाफ़िर हूँ यारों

मुसाफ़िर हूँ यारो

सुधीर मिश्र

वाणी प्रकाशन

पेपरबैक पहला संस्करण : 2023
पेपरबैक दूसरा संस्करण : 2024

वाणी प्रकाशन

4695, 21-ए, दरियागंज, नयी दिल्ली 110 002

फ़ोन : +91 11 23273167 फ़ैक्स : +91 11 23275710

शाखाएँ

अशोक राजपथ, पटना-800 004, बिहार
कॉफ़ी हाउस कैम्पस, महात्मा गांधी मार्ग, इलाहाबाद-211 001, उत्तर प्रदेश
महात्मा गांधी अन्तरराष्ट्रीय हिन्दी विश्वविद्यालय, वर्धा-442 001, महाराष्ट्र
36/ए, शेक्सपियर सरणी, रानी बिरला गर्ल्स कॉलेज के पास, कोलकाता-700 017, प. बंगाल

www.vaniprakashan.com
marketing@vaniprakashan.in
sales@vaniprakashan.in

Musafir Hoon Yaaro
by Sudhir Mishra

ISBN : 978-93-5775-017-2
Travelogue

मूल्य : ₹ 199

आर. टेक ऑफ़सेट प्रिंटर्स, दिल्ली-110 032 में मुद्रित

वाणी प्रकाशन का लोगो मक़बूल फ़िदा हुसेन की कूची से

यात्रा-संस्मरणों का एक नया पड़ाव
'मुसाफ़िर हूँ यारो'

यात्रा-संस्मरण लेखन की उन विश्वसनीय विधाओं में से एक है जिसने विश्व-स्तर पर इतिहास को लिखने व उसे समझने में एक महत्त्वपूर्ण भूमिका निभायी है। हम आज भी अपने देश के किसी कालखण्ड विशेष की कड़ियों को जोड़ने के लिए चीनी यात्री व्हेन सांग या मोरक्को के यात्री इब्ने बतूता के यात्रा-संस्मरणों की सहायता लेते हैं ।

जनसाधारण के ज्ञानवर्धन के लिए भी देशाटन एक उत्तम साधन माना गया है। किन्तु संसाधनों के अभाव में यह आम आदमी के लिए सम्भव नहीं रहा। अत: आम आदमी ने दुनिया को समझने व परखने के लिए ख़ास आदमियों के यात्रा-संस्मरणों का सहारा लिया। किन्तु यहाँ समस्या यह रहती है कि यह 'ख़ास आदमी' आम का कभी मित्र नहीं बन पाता है। वह केवल मार्गदर्शक बनकर रह जाता है।

मुसाफ़िर हूँ यारो के लेखक सुधीर मिश्र की सफलता यह है कि वह विशेष होते हुए भी पुस्तक के आरम्भ में ही साधारण से पाठक के साथ असाधारण सहजता से उस समय जुड़ जाते हैं जब वह स्वयं अपने बारे में बिना किसी संकोच या झिझक के साफ़ लिखते हैं, "एक लोअर मिडिल क्लास का लड़का जो कभी ट्यूशन पढ़ाता तो कभी साइकिल पर लाटरी बेचता तो कभी खस्ते पूरी की दुकान खोल लेता।"

इसके बाद अपनी पहली विदेश-यात्रा के दौरान हवाई यात्रा का कुछ यूँ दोस्ताना अन्दाज़ में ज़िक्र करते हैं, जब जहाज़ हवा में कुछ झटके लेने लगता है, "मैंने ईश्वर को याद किया। भगवान ने तुरन्त अपना प्रभाव दिखाया, झटके बन्द हो गये।"

यहाँ से पाठक आश्वस्त हो लेखक के साथ मित्रवत् एक अविस्मरणीय यात्रा का आनन्द लेने निकल पड़ता है। अविस्मरणीय इसलिए कि यह केवल भौगोलिक यात्रा नहीं थी, अपितु यह वह यात्रा थी जिसमें वह दुनिया की उन महान हस्तियों से मिलने वाला था या कि उन अन्तरराष्ट्रीय कॉन्फ्रेंसों में भाग लेने वाला था जिनके बारे में उसने पढ़ा तो अवश्य था किन्तु उनका हिस्सा कभी नहीं बन पाया था।

लेखक पाठक को किस तरह अपने साथ लेकर चलता है, यह तब देखने को मिलता है जब वह टोरंटो में इंटरनेशनल कॉन्फ्रेंस का ज़िक्र करते हुए लिखता है—हॉलीवुड का लोकप्रिय अभिनेता रिचर्ड गेर उन लोगों के बीच आया। सुधीर का मन

किया, वह उनके साथ एक फ़ोटो खिंचवायें पर कुछ हिचकिचाहट कि लोग उनके बारे में क्या सोचेंगे! सम्भवत: यह आम आदमी की हिचकिचाहट थी तभी रिचर्ड गेर को न जाने क्या सूझी, उन्होंने मुखर्जी से कहा, "पीटर, वी शुड हैव वन फ़ोटोग्राफ़ विद सुधीर।"

इसी में आगे चलकर यदि एक तरफ़ वह पाठक को बिल क्लिंटन की प्रेस कॉन्फ्रेंस में अपने साथ रखते हैं तो दूसरी तरफ़ उसको सहज करने के लिए लिखते हैं, "रिसेप्शन पर बैठा बन्दा अमेरिकन अंग्रेज़ी में क्या गिटिर-पिटिर कर रहा था, मैं कुछ नहीं समझ पाया। वह तो दस दिन बाद चेक आउट करते समय मुझे पता चला कि फ्रीज़र से जितना भी मैंने खाया-पिया था, उसका भुगतान मुझे अपनी जेब से करना है।"

किन्तु शीघ्र ही पाठक को भाषा की तथाकथित कुण्ठा से बाहर निकालते कोपेनहेगन में यूनाइटेड नेशन की क्लाइमेट कॉन्फ्रेंस में अपनी बेहतरीन रिपोर्ट पर पत्रकारिता जगत् में हुई चर्चा को साझा करते हैं, "अगले दिन नेट पर जब यह ख़बर अंग्रेज़ी चैनलों और अख़बारों के साथियों ने देखी तो वे चौंक गये...हिन्दी की ख़बर अंग्रेज़ी में फ़ॉलो हो रही थी। आख़िर पठनीयता भी तो कोई चीज़ है।"

अनेक अन्तरराष्ट्रीय अधिवेशनों का ज़िक्र करते हुए वह आम पर्यटक की तरह साधारण प्रतिक्रिया देना भी नहीं भूलते। वह उस देश के खान-पान, पहनावे, जीवनशैली और यहाँ तक कि स्थानीय लोगों की सोच के बारे में भी समय-समय पर टिप्पणी करते रहते हैं।

यह एक सुखद संयोग है कि पुस्तक एक यात्रा-संस्मरण होने के बावजूद अपने को किसी विधा विशेष में बाँधकर नहीं रखती। वह विषयवस्तु की आवश्यकता के अनुसार कभी बायोग्राफ़िकल हो जाते हैं तो कभी उसमें रिपोर्टिंग के कुछ चटख़ रंग बिखेरते चले जाते हैं। संवेदनशील सामाजिक सरोकारों पर लेखक अपनी राय गम्भीर विशेषज्ञ की तरह रखता है, यहाँ ध्यान देने योग्य बात यह है कि गम्भीर का अर्थ बोझिल लेखन क़तई नहीं है।

यही समीकरण सुधीर मिश्र को एक सफल लेखक और **मुसाफ़िर हूँ यारो** को एक ज्ञानवर्धक पठनीय और रोचक पुस्तक बनाता है। यह कहना अतिशयोक्ति न होगी कि यात्रा-संस्मरण लेखन की परम्परा में यह पुस्तक एक नया पड़ाव प्रमाणित होगी जहाँ भविष्य के लेखकों को बहुत कुछ सीखने को मिलेगा।

—डॉ. रवि भट्ट
इतिहासकार

अनुक्रम

सात समुन्दर पार, पहली बार

सन् 2006 और तारीख़ 9 अगस्त। रात साढ़े दस बजे के क़रीब का वक़्त होगा। विशालकाय डैने फैलाये केएलएम एयरलाइंस की फ्लाइट संख्या केएल 872। पहली बार सात समुद्र पार की यात्रा पर निकलने का रोमांच अद्भुत था। फ्लाइट पर चढ़ने से पहले ही पाँव तक़रीबन हवा में थे। शायद नील आर्मस्ट्रांग ने अन्तरिक्ष में भी इतना रोमांच नहीं महसूस किया होगा जितना डच एयरलाइंस के इस बोइंग विमान को देखकर तब हो रहा था। आज ऐसी कोई सनसनाहट अब नहीं होती। यूनाइटेड नेशन की आठ इंटरनैशनल कॉन्फ्रेंस में शामिल होने के लिए तक़रीबन आधी दुनिया तो देख ही चुका हूँ। हाँ, पर तब ऐसा नहीं था। इंटरनैशनल एयरपोर्ट की चमक-दमक ने मन मस्तिष्क को चकाचौंध-सा कर दिया था।

यात्रा पर आगे निकलने से पहले चलिए थोड़ा पीछे ले चलते हैं। क़रीब बारह-तेरह साल पहले। पुराने लखनऊ के चौपटियाँ जियालाल फाटक के एक लोअर मिडिल परिवार से निकला एक युवा। जो कभी ट्यूशन पढ़ाता था तो कभी साइकिल पर लॉटरी बेचता। कभी खस्ते-पूरी की दुकान खोल लेता तो कभी राजनीति में जाने के लिए छात्रसंघ के चुनाव में दाँव आज़माता। वह जो उड़ना चाहता है, दौड़ना चाहता है, गिरना भी चाहता है, बस रुकना नहीं चाहता। इन सारे संघर्षों के बीच अचानक उसका रास्ता पत्रकारिता की ओर मुड़ गया। एक ऐसी मंज़िल जहाँ सब कुछ था। उड़ना, दौड़ना, गिरना, सँभलना और लगातार चलते रहना। बिना रुके। पत्रकारिता में बारह साल हो चुके थे। कठिन संघर्षों से भरे। कुछ सान्ध्य दैनिकों के बाद पाँच साल दैनिक जागरण में रिपोर्टिंग की। छह साल के क़रीब हिन्दुस्तान में हो रहे थे। डेवलपमेंट जर्नलिज़्म का रास्ता मैंने ख़ुद चुना था। उस दौर में जब सबको राजनीति या क्राइम रिपोर्टिंग में ही मज़ा आता था। रास्ता चुना स्वास्थ्य, शिक्षा, पर्यावरण और सफ़ाई जैसे विषयों पर लिखने-पढ़ने का। सेहत की ग्राउंड रिपोर्टिंग ख़ूब की। एक दिन झोला-छाप डॉक्टरों से जुड़ी मेरी एक ग्राउंड रिपोर्ट हिन्दुस्तान के पहले पन्ने के शीर्ष पर छपी।

उसी दिन कल्पना जैन नाम की एक महिला हमारे सम्पादक नवीन जोशी से मिलने आयीं। पता चला कि वह टाइम्स ऑफ इंडिया की हेल्थ एडिटर रही हैं। उस वक़्त वह काइज़र फाउंडेशन अमेरिका की इंटरनैशनल फेलो थीं। फ़िलहाल, वह हॉवर्ड में हेल्थ कम्युनिकेशन पर काम करती हैं। ख़ैर, कल्पना जी उस पत्रकार से मिलना चाहती थीं जिसने झोला-छाप डॉक्टरों पर ख़बर लिखी थी। नवीन जी ने मुझे बुलवाया, मुलाक़ात कराई और थोड़ी बातचीत हुई। शाम को ही पता चल गया कि वह मुझे काइज़र फाउंडेशन की फ़ेलोशिप देना चाहती हैं। यह फ़ेलोशिप एचआईवी एड्स के आर्थिक-सामाजिक पहलुओं पर रिपोर्ट करने के लिए दी जाती थी। एक-दो दिन की औपचारिकता के बाद मेरे पास मेल आ गया। मेरे अलावा राजस्थान पत्रिका के हरेन्द्र और लोकसत्ता के शेखर देशमुख को भी यह फ़ेलोशिप मिली थी। उस वक़्त हम तीनों को छह-छह हज़ार डॉलर देश घूमकर रिपोर्ट करने के लिए दिये गये थे। उस वक़्त हमारी जितनी सालाना सैलरी थी, उसकी दोगुनी के क़रीब रकम हमें सिर्फ़ घूमकर रिपोर्ट करने के लिए दी गयी थी। उन पैसों से सुधीर मिश्र ने हिमाचल से लेकर हैदराबाद और जयपुर से लेकर इम्फाल व बर्मा तक की ख़बरें लिखीं। इसी बीच एक उपलब्धि और मिली कि काइज़र ने भारत के कुछ पत्रकारों को टोरंटो में होने वाली वर्ल्ड एड्स कॉन्फ्रेंस में ले जाने का फ़ैसला किया। क़रीब दस दिन के लिए। सारा ख़र्च काइज़र फाउंडेशन को करना था। इसका पता चलते ही मैंने शेखर और हरेन्द्र से बात की। फ्लाइट एम्सटर्डम में रुककर टोरंटो जानी थी। उसी तरह लौटते वक़्त भी एम्सटर्डम में कुछ घंटे रुकना था। हम तीनों ने दस दिनों के अलावा पाँच दिन का एक और प्लान बनाया। यूरोप घूमने का। वाया एम्सटर्डम। उसी टिकट में थोड़ा बदलाव कराकर लौटने की तारीख़ 19 अगस्त की जगह 25 अगस्त करा ली। साथ ही एम्सटर्डम, पेरिस, डेनहॉग और फ्रैंकफर्ट में सबसे सस्ते होटल भी बुक करा लिए। अब हमारे सामने फ्लाइट खड़ी थी। मेरे दिमाग़ में मेरा बीता हुआ कल फ़्लैश बैक के साथ तेज़ी से दौड़ रहा था। बदलते वक़्त की आहट साफ़ सुनाई दे रही थी। तब तक साथ में हरेन्द्र और शेखर देशमुख के अलावा लखनऊ से ही मनीष श्रीवास्तव भी आ चुके थे जो उन दिनों दैनिक जागरण का प्रतिनिधित्व कर रहे थे। हमने जहाज़ की सीढ़ियों पर चढ़ना शुरू कर दिया।

लिमोज़िन की सवारी

फ्लाइट की सीढ़ियाँ चढ़ते वक़्त धड़कनें धीरे-धीरे क़ाबू में आना शुरू हो चुकी थीं। केएलएम एयरलाइंस का यह बोइंग उन सभी जहाज़ों से बहुत बड़ा था, जिन पर अब तक मैंने यात्रा की थी। अन्दर से तीन हिस्सों में बँटा हुआ था। बीच में चार लोगों के साथ बैठने की एक लेन। दोनों किनारों पर तीन-तीन लोग एक साथ बैठ रहे थे। मेरी सीट खिड़की वाली थी। भीतर गये तो पता चला कि कई और परिचित भी फ्लाइट में हैं। इनमें दैनिक भास्कर की रुमनी घोष, इंडियन एक्सप्रेस श्रीनगर की तौफीक रशीद, हिन्दुस्तान दिल्ली के मेरे वरिष्ठ साथी अरुण त्रिपाठी, विमेन फीचर सर्विस से जुड़ी सीनियर जर्नलिस्ट अंगना पारेख और कुछ अन्य दोस्त। आधी रात हो रही थी। फ्लाइट टेक ऑफ होने के कुछ देर बाद ही डिनर सर्व होना शुरू हुआ। सबसे पहले एयर होस्टेज ने ड्रिंक ऑफर करनी शुरू की।

चूँकि लोकल फ्लाइट में ड्रिंक सर्व नहीं होते तो यह भी पहला ही अनुभव था। औरों की देखा-देखी मैंने भी एक फ्रैंच व्हाइट वाइन की बॉटल ले ली। प्लास्टिक का एक गिलास और कुछ नट्स भी साथ मिले। नट्स ज़ायकेदार थे। पर न वह मूँगफली थे, न चने या काजू। मूँगफली और चने के बीच वाली कोई चीज़ थी। रैपर पर लिखा था—मेड इन टर्की। साथ के काफ़ी लोग हार्ड ड्रिंक्स ले रहे थे। विश्व के श्रेष्ठ शराब के ब्रांड एयर होस्टेज की ट्रॉली में सजे हुए थे। मैंने उन्हें देखा पर कोई लालच नहीं किया। एक वाइन लेने के बाद खाना लिया। वह भी वेज फूड। स्विस बटर तो जर्मन ब्रेड। खाना खाने के बाद सामने लगे स्क्रीन को समझना शुरू किया। हेडफ़ोन कैसे इस्तेमाल करने हैं और उसके रिमोट से चैनल कैसे बदलने हैं, यही समझने में घंटा भर गुज़र गया। जब तक सीख पाये तब तक नींद आने लगी। नीचे शायद खाड़ी वाले देश थे। खिड़की से झाँकने पर अँधेरे में नीचे कुछ आग के कुएँ नज़र आ रहे थे। शायद तेल के कुएँ रहे होंगे। धीरे-धीरे नींद आना शुरू हो चुकी थी। दो घंटे बीत रहे थे। पाँव अकड़ने लगे थे। पाँवों को सीधा किया, फिर सो गया। बीच-बीच में नींद खुलती रही। फिर सोता रहा। आख़िर जब आँख खुली तो देखा

कि एयर होस्टेज चाय नाश्ता सर्व कर रही हैं। सुबह हो चुकी थी। चाय पीते-पीते ही एनाउंसमेंट शुरू हो चुकी थी कि फ्लाइट अब लैंड करने वाली है। हम अब शीफॉल एयरपोर्ट पर उतरने वाले थे। विदेश की धरती पर अपना यह पहला क़दम था। थोड़ी घबराहट भी ज़रूर थी। एक बैग हाथ में था। बाक़ी सामान फ्लाइट से दूसरे प्लेन में शिफ्ट हो जाना था। एम्सटर्डम एयरपोर्ट यूरोप का तीसरा सबसे व्यस्त माना जाने वाला हवाई अड्डा है। 1916 में यह एक फ़ौजी एयरपोर्ट के तौर पर शुरू हुआ था। नौ वर्ग किलोमीटर इलाक़े में फैला यह हवाई अड्डा कई फ्लोर का था। कई टर्मिनल थे।

कुछ समझ नहीं आ रहा था कि जाना किधर है। चुपचाप रास्ता सूझा कि हरेन्द्र के पीछे लग लो। इस मामले में वह अनुभवी था। वह पहले लन्दन की यात्रा कर चुका था। लिहाज़ा हमारी इस पहली विदेश यात्रा का गाइड वही था। इमीग्रेशन से गुज़रने के बाद हम अपने उस टर्मिनल की ओर रवाना हो गये, जहाँ से चार घंटे बाद हमें टोरंटो की अगली फ्लाइट लेनी थी। एयरपोर्ट बेहद शानदार था। ज़्यादातर साथियों ने अपने गेट के बारे में पता करने के बाद तय किया कि घूमा जाये। मेरे साथ हरेन्द्र और शेखर थे। मन किया कि कुछ खाया जाये। अपने पास कैनेडियन डॉलर्स थे। यह हमने दिल्ली एयरपोर्ट से ही ले लिए थे। हाँ, हमारा फ़ोन तब काम नहीं कर रहा था। चूँकि फ़ोन का ख़र्च बचाना था लिहाज़ा इंटरनैशनल कार्ड हमने लिया ही नहीं था। तब वाई-फाई या वाट्सअप भी नहीं होता था। ख़ैर भूख लगनी शुरू हुई तो हम तमाम दूसरे इंटरनैशनल ब्रांड्स को छोड़ मैकडॉनल्ड की ओर बढ़ गये थे। सच कहूँ तो वहाँ तरह-तरह के बर्गर की जो लिस्ट लगी थी, उसमें समझ ही नहीं आ रहा था कि किस बर्गर में क्या है। एक को शाकाहारी टाइप समझकर ऑर्डर किया तो ऑर्डर लेने वाला लड़का मुझे देखने लगा। मैंने उसे ध्यान से देखा तो वह भारतीय लगा। उसने कहा कि आप बीफ खाते हैं, मैंने जवाब दिया नहीं। तो उसने कहा कि आप फ्रेंच फ्राइज़ ले लीजिए। बर्गर और सॉस आपके लायक नहीं है। मन-ही-मन उसे धन्यवाद दिया। हालाँकि मैं नॉनवेज हूँ फिर भी बीफ खाने की कल्पना से ही मन सिहर उठता था। चुपचाप आराम से फ्रेंच फ्राइज खाये। फिर काफ़ी देर तक एयरपोर्ट की चकाचौंध और गोरों से भरे माहौल को देखता रहा। एक़दम अनोखा अनुभव, नयी दुनिया। तब तक अगली फ्लाइट का समय होने लगा। अंग्रेज़ी अख़बार के एक साथी रिपोर्टर भी ग़ज़ब निकले। वह एयरपोर्ट पर बैठे-बैठे ही बाइलाइन लिखने में लगे थे। उनका मानना था कि अगर एम्सटर्डम एयरपोर्ट पर रुके ही हैं तो एक नाम वाली ख़बर यहाँ की डेटलाइन से क्यों नहीं। अपन को शुद्ध पत्रकारीय चिढ़ हुई। मैंने यहाँ से ख़बर क्यों नहीं लिखी।

हम अब अगली फ्लाइट में थे। अगल-बग़ल के यात्री बदल गये थे। मैं बीच वाली सीट पर था। खिड़की पर एक महिला पत्रकार थीं। मैं भीतर से डरा हुआ था। डर इस बात का था कि अब हमें एम्सटर्डम से टोरंटो तक क़रीब छह-सात घंटे तक सिर्फ़ अटलांटिक महासागर के ऊपर से उड़ना था। मुझे पैन ऐम फ्लाइट का हादसा न जाने क्यों बार-बार याद आ रहा था। टोरंटो से दिल्ली के लिए उड़ी इस फ्लाइट को आतंकी हमले में अटलांटिक के ऊपर ही उड़ा दिया गया था। फ्लाइट उड़ने के कुछ देर बाद ही मैंने एक बीयर ली और भीतर के डर से लड़ने की कोशिश करने लगा। अचानक फ्लाइट ज़ोर-ज़ोर से काँपने लगी। एनाउंसमेंट शुरू हुआ कि मौसम ख़राब है, सीट बेल्ट बाँध लें। बाहर खिड़की से ज़ोर-ज़ोर से कड़कती हुई बिजली नज़र आ रही थी। मेरी हालत पतली हो रही थी। तभी साथी महिला पत्रकार ने डरी आवाज़ में पूछा अब क्या होगा? उसने जैसे ही यह सवाल पूछा, मैंने ज़बरदस्ती की बहादुरी दिखाते हुए कहा कि कुछ नहीं, घबराओ मत सब ठीक हो जायेगा। तब फ्लाइट और ज़ोर-से झटके खाने लगी। मैंने ईश्वर को याद किया। भगवान ने तुरन्त प्रभाव दिखाया। झटके बन्द हो गये। सब कुछ सामान्य-सा। तब मैंने अपनी सहयात्री से पैन ऐम वाले हादसे का ज़िक्र छेड़ दिया। वह डर से उबरने की कोशिश में थी। मेरी बात ने उसे और डरा दिया। उसने ख़ुद को कम्बल में और समेटा, फिर सो गयी। मुझे भी कुछ देर में नींद आ गयी। बीच-बीच में आँख खुलती रही। क़रीब आठ घंटे बाद हम अमेरिका के ऊपर उड़ रहे थे। सामने स्क्रीन पर सब समझ आ रहा था कि हम कहाँ-कहाँ से गुज़र रहे हैं। कुछ देर में हम टोरंटो एक पियरसन एयरपोर्ट को लैंड कर गये। कमर टेढ़ी हो चुकी थी। बदन टूट रहा था। क़रीब बाईस घंटे हो चुके थे दिल्ली से निकले हुए। क़रीब एक घंटा और लग गया इमीग्रेशन क्लियर करके बाहर निकलते-निकलते। एयरपोर्ट के बाहर बेहद सुहाना मौसम था। हल्की-सी ठंडक और हवा एकदम साफ़। हमें लेने के लिए एक लिमोज़िन आयी थी। इतनी लम्बी गाड़ी हमनें पहली बार देखी थी। ड्राइवर क्या ग़ज़ब स्मार्ट बन्दा था। बाद में हमने देखा कि टोरंटो के सबसे स्मार्ट लोगों में ड्राइवर सबसे अव्वल थे। सब टाई-सूट पहनते थे। उनमें भी बड़ी तादाद पाकिस्तानियों की थी। लिमोज़िन का ड्राइवर भी पाकिस्तानी था। वह हम सबको लेकर सीएन टॉवर के क़रीब नोवोटल होटल के लिए निकल पड़ा।

क्लिंटन, रिचर्ड गेर और एड्स

लिमोज़िन ने हमें क़रीब आधे घंटे में एयरपोर्ट से नोवोटल होटल पहुँचा दिया। होटल सिटी सेंटर के एकदम क़रीब था। इंटरनैशनल एड्स कॉन्फ्रेंस का आयोजन स्थल मेट्रो टोरंटो कन्वेंशन सेंटर भी कुछ दूरी पर ही था। कुछ दूर पर मशहूर सीएन टॉवर था। दूसरी तरफ़ दुनिया भर में मशहूर लेक एंटोरियो। अगले 10 दिनों तक सुबह-शाम हम वहीं घूमने जाते थे। ऐसे वक़्त में जब सारी दुनिया के लोग वहाँ इकट्ठे हों तो एकदम सिटी सेंटर के सबसे बेहतरीन होटल में ठहरने का मौक़ा भी कम दुर्लभ नहीं होता। पर हम तो ठहरे दुनिया के सबसे अमीर आदमी बिल गेट्स के मेहमान। काइज़र फाउंडेशन हमारी इस यात्रा और प्रवास का इन्तज़ाम कर रहा था। उसकी फंडिंग बिल एंड मिलिंडा गेट्स फाउंडेशन करता था।

यानी अपरोक्ष रूप से हम गेट्स के मेहमान थे। यह बात अगले दस दिनों तक हमें बार-बार महसूस भी होती रही कि इंडिया से आये हम लोगों की क़द्र इसीलिए वहाँ कुछ ज़्यादा ही हो रही थी। फाउंडेशन से जुड़ी हमारी मेज़बान पेनी डेख़म हमें वहाँ मिलीं। होटल में चेक-इन करने के बाद मैं इन्तज़ार करने लगा कि अब कोई हमारा सामान उठाकर कमरे तक ले जायेगा। पर यह सुविधा वहाँ नहीं थी। लिहाज़ा अपना सामान ख़ुद उठाया। लिफ्ट में गये और अपने कमरे में जाकर बिस्तर पर पसर गये। बेहतरीन कमरा था। सारी अत्याधुनिक सुख-सुविधाएँ तो थीं ही पर फ्रिज सबसे शानदार था। मतलब फ्रीजर में लगी चीज़ें देखकर दिल ख़ुश हो गया। उन सारे आइटमों के मिनिएचर वहाँ सजे हुए थे जो केएलएम की एयर होस्टेज की फूड ट्रॉली में थे। ड्राई फ्रूट्स, चिप्स, बिस्किट और फ्रूट्स। ग़लती मुझसे बस इतनी हुई कि चेक इन करते वक़्त रिसेप्शन पर बैठा बन्दा अमेरिकन अंग्रेज़ी में क्या गिटिर-पिटिर कर रहा था, मैं समझ नहीं पाया। वह तो दस दिन बाद चेक आउट करते वक़्त मुझे पता चला कि फ्रीजर से जितना भी मैंने खाया पिया था, सबका भुगतान मुझे अपनी जेब से करना है और जेब में उतना पैसा था ही नहीं। वह भुगतान कैसे हुआ, यह बाद में बताऊँगा। पहले पुराने सिलसिले पर ही आगे बढ़ते हैं।

होटल में हमारे अलावा नाइज़ीरिया, कीनिया और अफ्रीकी देशों के जर्नलिस्ट भी मौजूद थे। उनसे बाद में मेरी अच्छी दोस्ती भी हुई। पहले दिन हम सब लखनऊ, जयपुर और मुम्बई-दिल्ली वालों ने अपना एक दल बना लिया। एक-दूसरे के कमरे का नम्बर नोट किया। एक-दूसरे के कमरे में जाकर गप्प मारी। फिर कल्पना जी से मुलाक़ात की। उन्होंने बताया कि कॉन्फ्रेंस तीन दिन बाद शुरू होगी। 13 से 18 तक। उससे पहले हम लोगों की हेल्थ जर्नलिज़्म की ट्रेनिंग होगी।

अगले दिन हम लोगों की क्लास शुरू हुई। स्वास्थ्य से जुड़े विषयों की पत्रकारिता कैसे करें। क्लास लेने वालों में कम्युनिकेशन सेक्टर के एक से बढ़कर एक महारथी थे। इसके अलावा यूनिसेफ, डब्लूएचओ और यूनाइटेड नेशन से जुड़े तमाम संगठनों के इंटरनैशनल प्रमुख भी हमसे रू-ब-रू होने आये थे। उस वक़्त की जो सबसे ख़ास सीख थी, वह यह कि किसी भी दवा, वैक्सीन या चिकित्सीय खोज के बारे में पत्रकार अपनी ओर से कोई ऐलान न करे। जैसे कि उन दिनों अक्सर अख़बारों में ऐसी-ऐसी ख़बरें छप जाती थीं जिनकी कोई वैज्ञानिक प्रामाणिकता नहीं होती थी। मसलन टमाटर खाने से भागेगा एड्स। या फिर अमेरिका ने खोजी एड्स की दवा। जनसंचार विशेषज्ञों का कहना था कि ऐसी हेडलाइन्स से बचना चाहिए। इन्हें वैज्ञानिकों के और चिकित्सकों के दावे के तौर पर छापना चाहिए। वह भी तब उनके दावे का किसी भरोसेमन्द साइंटिफिक जर्नल में प्रकाशन हो चुका हो। इसी तरह मरीज़ों के हितों, उनकी सामाजिक स्थिति और उनसे जुड़े मानवीय पहलुओं को लेकर भी हमेशा सतर्क रहना चाहिए। चूँकि एचआईवी के साथ काफ़ी स्टिग्मा या सामाजिक प्रताड़ना भी जुड़ी होती है तो ऐसे मरीज़ों की पहचान हमेशा गोपनीय रखने की सीख भी दी गयी। इसी दौरान एक दिन हमारी मुलाक़ात कराई गयी अमेरिका के पूर्व राष्ट्रपति बिल क्लिंटन से। उनकी प्रेस कॉन्फ्रेंस थी। पहली बार ऐसा पत्रकार सम्मेलन देखा। लोग सीधे सवाल नहीं पूछते। उनके नाम की पर्ची पहले से ही क्लिंटन के स्टाफ के पास थी। वह नाम लेकर बुलाते तब सवाल पूछा जाता। ख़ैर प्रेस कॉन्फ्रेंस ख़त्म हुई। फिर हम सबसे उनकी मुलाक़ात करायी गयी। हाय हेलो करते हुए वह जल्द ही निकल गये। उसके बाद आये रिचर्ड गेर, पीटर मुखर्जी और परमेश्वर गोदरेज। इन तीनों की टीम उस वक़्त दुनिया भर के साथ-साथ भारत में एचआईवी एड्स पर काफ़ी काम कर रही थी। यह लोग काफ़ी देर तक हम लोगों के साथ रहे। रिचर्ड गेर का दर्ज़ा उन दिनों हॉलीवुड में वही था जो अपने यहाँ अमिताभ बच्चन साहब का है। मैंने भी उनकी रन अवे ब्राइड जैसी

फ़िल्में देखी हुई थीं। मन कर रहा था कि साथ में फ़ोटो खिचवाऊँ पर हिचकिचाहट यह हो रही थी कि बाक़ी लोग क्या सोचेंगे।

ख़ैर उनके साथ बातचीत करते-करते तीन-चार घंटे बीत चुके थे। तब हममें से कई लोगों को वह नाम से भी जानने लगे थे। जाने का वक़्त हो रहा था तभी रिचर्ड गेर को न जाने क्या सूझी। उन्होंने मुखर्जी से कहा—पीटर, वी शुड टेक वन फ़ोटोग्राफ विद सुधीर। मैं एकदम-से चौंक पड़ा। जो मैं मन-ही-मन सोच रहा था, क्या रिचर्ड ने महसूस कर लिया। वरना उसे क्या पड़ी थी कि मेरे साथ फ़ोटो खिंचायें। उसके बाद पहले रिचर्ड गेर ने मेरे साथ फ़ोटो खिंचवायी, उसके बाद पीटर मुखर्जी ने। मैं मन-ही-मन सोच रहा था कि वास्तव में बड़ा होना किसे कहते हैं। रिचर्ड में रत्ती भर भी स्टारडम का भाव नहीं था। इतने सहज थे और इतना ज़्यादा घुलमिल गये थे कि जैसे बरसों से जानते हों। यह सच है कि उस दिन के बाद मैं कभी रिचर्ड से नहीं मिला। पक्का यक़ीन है कि उन्हें भी यह याद नहीं होगा कि कभी भारत के किसी सुधीर नाम के पत्रकार के साथ उन्होंने फ़ोटो खिंचवायी थी पर मेरे मन में यह बात हमेशा के लिए अंकित हो गयी कि इन्सान बड़ा अपने व्यवहार से होता है। बड़े फलदार वृक्ष हमेशा झुके हुए होते हैं। टोरंटो यात्रा का शुरुआती दिन बेहद रोमांचक रहा। दिल्ली में फ्लाइट में चढ़ते वक़्त जो रोमांच महसूस हुआ था, उसमें अब लगातार बढ़ोतरी होती जा रही थी। अभी जबकि कॉन्फ्रेंस शुरू नहीं हुई थी।

सेक्स, रोग और तमाशा

13 तारीख़ से एड्स कॉन्फ्रेंस शुरू हो गयी। इसका ध्येय वाक्य था—टाइम टू डिलिवर। मतलब कि अब तत्काल ज़रूरी क़दम उठाये जायें। एड्स मतलब एक्वायर्ड इम्यून डिफिसिएन्सी सिन्ड्रोम। एड्स, एचआईवी संक्रमण की चरम अवस्था होती है। वायरस संक्रमण के कारण शरीर की प्रतिरक्षण क्षमता कमज़ोर हो जाती है। एक वक़्त ऐसा आता है कि तरह-तरह के रोग एक सिन्ड्रोम के रूप में शरीर में घर कर लेते हैं। फिर उन्हीं में से किसी रोग की तीव्रता मौत का कारण बन जाती है। अमेरिका में 1980 के क़रीब पहली बार इस संक्रमण की जानकारी हुई। माना जाता है कि यह वायरस मध्य पश्चिम अफ्रीका में पाये जाने वाले चिम्पैजी व अन्य बन्दरों से मनुष्यों में आया। चूँकि टोरंटो आने से पहले ही मेरा काम फ़ेलोशिप पर शुरू हो चुका था। लिहाज़ा मुझे इस विषय के बारे में ठीक-ठाक जानकारी पहले से ही हो चुकी थी।

चलिए टोरंटो से कुछ देर के लिए वापस भारत चलते हैं। इन कॉन्फ्रेंस के शुरू होने से कुछ महीने पहले ही मैं काफ़ी एचआईवी प्रभावित लोगों से मिल चुका था। मैंने इस संक्रमण के साथ जी रहे क़रीब दो सौ लोगों के साथ महाराष्ट्र के पंचगनी में दो दिन बिताये थे। यह जगह फादर टॉमी का टीबी सेनीटोरियम था। जहाँ ज़्यादातर बीमार ही रहते थे। इस तरह का यह मेरा पहला अनुभव था। सच कहूँ तो मुझे अजीब-सा डर भी लग रहा था। ख़ासतौर से सबके साथ बैठकर खाना खाते वक़्त। हालाँकि यह मालूम था कि एचआईवी चार तरह से संक्रमित करता है। पहला असुरक्षित सेक्स, दूसरा इस्तेमाल की हुई सूई, माँ के दूध से शिशु में या फिर माँ से गर्भस्थ शिशु में। पर यह जानकारी ख़ुद को सन्तुष्ट करने के लिए काफ़ी नहीं थी। ख़ासतौर से एक युवा पत्रकार के लिए। यह ठीक है कि एचआईवी संक्रमण न होता। इसके बावजूद इस बात की पूरी गुंजाइश थी कि कमज़ोर प्रतिरक्षण वाले शरीर आपको कोई दूसरा संक्रमण दे सकते थे। ख़ैर मेरा डर निर्मूल साबित हुआ। एक रात वहाँ गुज़ारने के बाद भय कम हो गया। यह जानने की कोशिश में ज़्यादा रहा कि उस वक़्त के इस

डरावने संक्रमण से संक्रमित लोगों में जीने की इच्छा शक्ति कितनी है। यह देखकर मन ख़ुश हो गया कि ज़्यादातर लोग बेहद सकारात्मक थे। वह खेलते थे और म्यूजिक डांस जैसी सांस्कृतिक गतिविधियों में समय काट रहे थे।

सेक्स और ड्रग्स को एचआईवी का सबसे बड़ा कारण माना जाता है। मैंने मणिपुर से लेकर बर्मा के बीच के अपने दौरे में भी इसे ख़ुद देखा। एक ही सूई से वहाँ के युवा बिना स्टेरलाइजेशन के ड्रग्स लेते थे। उन्हें अपने स्टेटस के बारे में कई बार पता होता था कि वह या उनके साथी एचआईवी संक्रमित हैं। इसके बावजूद वह आपस में सेक्स सम्बन्ध बनाते थे। उस वक़्त के आँकड़ों के मुताबिक़ मणिपुर में हर सौंवा व्यक्ति एचआईवी पॉजिटिव था। कुछ ऐसी हालत मुम्बई के कमाठीपुरा, कोलकाता के सोनागाछी, पुणे के बुधवार पैठ और हैदराबाद के रेडलाइट इलाक़ों में भी थे। कुछ वक़्त मैंने हैदराबाद की रामोजी राव सिटी की फ़िल्मी दुनिया के अध्ययन में भी बिताया। वहाँ के एक्सट्रा कलाकारों के बीच काफ़ी लोग संक्रमित बताये गये थे। कुल मिलाकर टोरंटो की इस कॉन्फ्रेंस की जानकारियों को समझने के लिए मेरी तैयारी ठीक-ठाक थी। कॉन्फ्रेंस में सेक्स वर्कर्स के कई स्टॉल थे। उनके हालात के साथ वैसी सामाजिक प्रताड़ना नहीं थी, जैसी कि भारत में हुआ करती है। पोर्न स्टार्स तक वहाँ सम्मान का जीवन जी रही थीं। मेरे एक मित्र ने तो कॉन्फ्रेंस छोड़कर क़रीब चार घंटे तो सिर्फ़ एक पोर्न स्टार के दर्शन के लिए कुर्बान कर दिये जो पास की ही एक मार्केट में सेक्स ट्वायज की दुकान का उद्घाटन करने आयी थी। यह मित्र काफ़ी काम के व्यक्ति थे। हम लोग दिन भर कॉन्फ्रेंस में एचआईवी एड्स की थ्योरीज़ को समझते थे। वह उसकी व्यावहारिकता का अध्ययन करने के लिए शहर की बदनाम गलियों में घूमने निकल जाते थे। उनके इन अनुभवों का हम सभी को बड़ा लाभ मिलता। मिसाल के तौर पर वहाँ के अख़बार में टोरंटो टाइम्स में एक फुल पेज सिर्फ़ डेटिंग के इच्छुक लड़के-लड़कियों के विज्ञापनों से भरा होता था। यह मित्र उनमें छपे नम्बरों पर कॉल करके मिलने जाते थे।

इधर यह कॉन्फ्रेंस भी आपके संस्कारों और स्थापित विचारधाराओं को बहुत तेज़ी से तोड़ने वाली साबित हो रही थी। वेश्याएँ, समलैंगिक, हिजड़े और ड्रग यूजर्स के लिए सम्मानजनक भाषा का इस्तेमाल करना सिखाया गया। वेश्या मत बोलिए, उन्हें सेक्स वर्कर कहिए। नशेड़ी को ड्रग यूजर कहिए। कभी किसी एचआईवी संक्रमित से यह मत पूछिए कि उसे संक्रमण कैसे मिला। कभी उसके बारे में लिखते वक़्त उसका सही नाम पता न लिखिए। कंडोम शब्द बोलने में होने वाली हिचक को ख़त्म करने के लिए कई गेम्स कराये गये। यौनिक क्रियाओं के बारे में पॉवर पॉइंट प्रेजेंटेशन

और समलैंगिकता की ऐतिहासिक व्याख्याएँ। ऐसी-ऐसी बातें जो सामान्य तौर पर तब तक बोलने सुनने में असामान्य महसूस होती थीं, अब सहज होती जा रही थीं। काउंसलर इतने आसान तरीक़ों से विषय को समझाते थे कि किसी तरह का भ्रम न रहे। मसलन हमारे एक सीनियर साथी इस बात पर अड़े थे कि महिला सेक्स वर्करों की वजह से एचआईवी फैलता है। वह इसके लिए पुरुषों की ज़िम्मेदारी कम मान रहे थे। महिला काउंसलर ने उनके साथ चाय पीते वक़्त बड़ी आसानी से साफ़ कर दिया कि कैसे पुरुष ज़्यादा ज़िम्मेदार हैं। उन्होंने केतली को पुरुष बताया और कप को महिला। केतली से कप में चाय डालते हुए उन्होंने कहा कि देखिए आसानी से चाय चली गयी न कप में। वरिष्ठ साथी ने सहमति जतायी। तो काउंसलर ने उनसे कहा कि अब ऐसे ही कप से केतली में वापस चाय डालिए, जायेगी क्या? साथी को अपने सवाल का जवाब मिल गया था। ख़ैर यह तो थीं कुछ मोटी-मोटी बातें। वहाँ तमाशा काफ़ी बड़ा था। बड़ी-बड़ी दवा कम्पनियों के स्टॉल। हर स्टॉल पर फ्री मिलते कंडोम, वह भी तरह-तरह के। कंडोम की ड्रेसेज़ का फ़ैशन शो। देर शाम की पार्टियाँ और सड़कों पर नाच गाना। अमेरिकन यूरोपियन स्टाइल के जीवन के दर्शन भी हुए कि वह बीमारी परेशानी में ज़िन्दगी को खुलकर जीना नहीं छोड़ते। एक तरफ़ एचआईवी से मारे गये लाखों लोगों के लिए श्रद्धा के फूल थे तो दूसरी तरफ़ मौजूदा संक्रमित लोगों में जीने का हौसला बढ़ाने के लिए ज़िन्दगी के उल्लास। यह सबकुछ अभी पाँच दिनों तक चलना था। इतनी जानकारियों का हासिल यह था कि सेक्स वर्कर्स को लेकर मन में पहले आने वाले भाव एकदम ख़त्म हो चुके थे। अब उनमें बीमारियाँ और मजबूरियाँ ही नज़र आतीं। यह बात भी समझ में आयी कि कोई इस पेशे में मर्ज़ी से नहीं आता। इसमें मज़े जैसी कोई बात नहीं। अगर कोई हँसता मुस्कुराता दिखता है तो समझ लो कि यह उस मजबूर का अभिनय है।

डिस्को, गोलगप्पा और पाकिस्तानी आंटी

चलिए एचआईवी को पीछे छोड़ते हैं। ठीक है कि उसी पर काम करने के लिए एक फ़ेलोशिप के तहत टोरंटो आने का मौक़ा मिला। पर बतौर पत्रकार जब आप विदेश जाते हैं तो बहुत कुछ सीखने-जानने की कोशिश करते हैं। वैसे भी पन्द्रह साल पहले मैं कुछ ज़्यादा ही अति उत्साही था। हर जगह एडवेंचर के अवसर तलाशने वाला। समस्या यह थी कि पैसे बहुत कम थे। मैं मुश्किल से पन्द्रह हज़ार रुपये अपने साथ लेकर गया था। यह तय करके गया था कि इन्हें ख़र्च नहीं करूँगा। बस इमरजेंसी इस्तेमाल के लिए। इस हद की कंजूसी की सोलह-सत्रह दिन की यात्रा के दौरान अपने फ़ोन में इंटरनैशनल सिम भी नहीं डलवाया। किसी-न-किसी जुगाड़ से दो-तीन दिन में एक बार घर पर फ़ोन कर लेता था।

मैं, शेखर और हरेन्द्र। तीनों एक नम्बर के कंजूस। हमें रोज़ाना के क़रीब दो सौ डॉलर मिलते थे। रोज़मर्रा के ख़र्च के लिए। हमारा लक्ष्य था किसी हाल में पन्द्रह डॉलर से ज़्यादा ख़र्च न हो। दरअसल यही पैसा बचाकर हमें पाँच दिन यूरोप घूमना था। लिहाज़ा पैसा दाँत में दबाकर ख़र्च करते। सुबह का ब्रेकफास्ट होटल के पैकेज में शामिल था। बेहद शानदार नाश्ता होता था। सबसे आख़िर में हम लोग जाते और दबाकर खाते। बिल्कुल खाने की तरह। वैसे भी कहा गया है कि सुबह का नाश्ता राजा की तरह। ब्रेड, बटर, ऑमलेट, जूस, फ़्रूट्स, दूध, केक और कई तरह की चीज़ें। ज़्यादातर कॉन्टीनेंटल नाश्ता था। पराँठा, पूरी या सब्ज़ी जैसा कुछ नहीं। नॉनवेज खाता नहीं था ब्रेकफास्ट में। पूरी तरह से तृप्त होने के बाद दो बड़े सेब और केक अपने कन्धे के बैग के हवाले कर लिए जाते। इस तरह दोपहर के लंच का इन्तज़ाम हो जाता। कॉन्फ्रेंस के दौरान कई बार दवा कम्पनियों की ओर से लंच मिल जाता था। एक आध बार राहुल देव जी जैसे सीनियर से भी ख़र्च करवा लिया। 15 अगस्त को इंडियन काउंसलेट की ओर से हम लोगों को कॉकटेल पर बुलाया गया। हम इंडिया की तरह सोचकर गये थे पर वहाँ सिर्फ़ स्नैक्स और वाइन थी। ख़ैर स्नैक्स खाकर ही पेट भर लिया। ख़ैर यह पार्टी बहुत शानदार थी।

यहाँ दो लोग एकदम शुद्ध शाकाहारी नज़र आये। पहली तो कल्पना जैन। वह तो ख़ैर थी हीं जैन, दूसरी कश्मीर की तौफीक रशीद। वह इसलिए क्योंकि कोई गारंटी नहीं थी कि मीट वाले आइटम हलाल के होंगे या झटके के, या फिर उनमें पोर्क होगा या नहीं।

चार-पाँच दिन तो ऐसे चला। शाम को हम लोग बर्गर या हॉट डॉग जैसा कुछ खाकर काम चला लेते थे। छठे दिन से भारतीय खाने की तलब मचनी शुरू हुई। पता चला कि भारतीय खाना जेरार्ड स्ट्रीट पर मिलता है। उसे मिनी इंडिया भी कहते हैं। जाने के लिए यह ज़रूरी था कि कम-से-कम चार लोग जाये तो ताकि टैक्सी बुक कराना महँगा न पड़े। चार की जगह आठ साथी मिल गये। हम लोग जेरार्ड स्ट्रीट पहुँचे तो मन ख़ुश हो गया। लगा कि लखनऊ की हजरतगंज जैसी किसी जगह पर आ गये। पहली नज़र उडुपी रेस्टोरेंट पर पड़ी। सबका मन मसाला डोसा खाने का था। लिहाज़ा वही मँगवाया गया। क़रीब पन्द्रह डॉलर ख़र्च हो गये। सड़क पर घूमना शुरू किया तो एक दुकान भारतीय रिकॉर्ड्स और कैसेट की नज़र आयी। नीचे पान की दुकान थी। बग़ल में गोलगप्पे नज़र आ गये। चूँकि साथ में लड़कियाँ भी थीं। अब अगर गोलगप्पे हों तो उन्हें रोकना मुश्किल था। मज़ा तब आया जब दाम पूछे। एक गोलगप्पा उस वक़्त के चालीस रुपये का था। जैसे-तैसे एक-एक खाया और निकल लिए। इस दौरान काफ़ी भारतीय लोगों से बातचीत हुई। सबने बताया कि यह इलाक़ा नॉन सिख भारतीयों का है। सिख लोग टोरंटो के सबसे समृद्ध लोगों में गिने जाते हैं। मन्त्रिमंडल से लेकर सियासत तक में उनकी अच्छी पकड़ है। वहाँ की सबसे बड़ी ट्रांसपोर्ट कम्पनी खालिस्तान ट्रांसपोर्ट भी किसी सिख की ही थी। वह लोग बाक़ी भारतीयों के साथ ज़्यादा मिक्स नहीं होते। ऐसा मुझे वहाँ के गुजरातियों ने बताया। वैसे सिखों का वर्चस्व वहाँ साफ़ नज़र आ रहा था। टोरंटो एयरपोर्ट पर अंग्रेज़ी, फ्रेंच के अलावा गुरुमुखी ही एक ऐसी भाषा है जिसमें टोरंटो एयरपोर्ट लिखा गया है। यह देखकर मन को सन्तोष भी हुआ कि एक भारतीय भाषा का यहाँ ऐसा सम्मान है। बहरहाल वह शाम अच्छी बीती। साड़ियों की दुकान से लेकर भारतीयता दर्शाने वाली कोई दुकान नहीं छोड़ी, ख़ूब घूमे। अगले दिन शाम को हम और मनीष निकले। दोनों लोग बरमूडा और टीशर्ट में। सोचा कि कुछ हल्का-फुल्का खाया जाये। एक छोटा-सा बांग्लादेशी रेस्टोरेंट मिल गया। वहाँ दोनों लोगों ने छोले चावल खाये। मुझे याद है कि यह खाना ग्यारह डॉलर का था। इसके बाद काफ़ी देर तक ओंटेरियो झील के किनारे घूमते-घूमते हम लोग एक जगह पहुँचे जहाँ ख़ूबसूरत नौजवानों की लम्बी क़तार लगी हुई थी। पता किया तो मालूम हुआ कि यहाँ पर टोरंटो का सबसे

बड़ा डिस्क है, नाम था—गवर्नमेंट डॉट कॉम। सात फुट के नीग्रो बाउंसर न जाने क्या चैक करके किसी को भीतर जाने दे रहे थे और किसी को भगा रहे थे। ज़्यादा लड़के-लड़कियाँ महँगी गाड़ियों से आये थे। मैंने मनीष से कहा चलो, हम भी चलते हैं। उस वक़्त मेरी जेब में सिर्फ़ बीस डॉलर थे और मनीष पर्स लाया ही नहीं था। स्लीपर चप्पल, बरमूडा और टीशर्ट का गेटअप। मनीष घबरा गया, बोला—सुधीर भाई आप देख ही रहे हो, बड़े-बड़ों को तो बाउंसर धक्के देकर भगा रहा है। हमें कहाँ जाने देगा। मैंने बोला, चलो ट्राई करते हैं। मनीष घबराया हुआ पीछे लाइन में लग गया। जब हमारा नम्बर आया तो बाउंसर ने चौंकते हुए हमें देखा और अंग्रेज़ी में पूछा—आप कहाँ से, जवाब दिया इंडिया से। उसने पासपोर्ट के बारे में पूछा तो मैंने कहा कि होटल में है। उसने कुछ सोचा और बोला जाइए आप अन्दर। हमारे हाथों पर ठप्पा लगाकर अन्दर कर दिया गया। अन्दर बिल्कुल फ़िल्मी नज़ारा था। दो फ्लोर की इस डिस्क की चकाचौंध में हम दोनों घबरा एक सोफ़े पर बैठ गये। डांस करने की हिम्मत नहीं थी। वहाँ बेहतरीन ड्रेसेज में लड़के-लड़कियाँ झूमकर नाच रहे थे। यूँ समझिए कि यह डिस्क बिल्कुल वैसा था जैसा 'कल हो न हो' फ़िल्म के एक गाने में था। दिल है क्या मेरा दीवाना क्या, वाले गाने में। वेटर आया तो हम दोनों ने एक-एक बीयर मँगवा ली। जल्दी से पी और निकल लिए क्योंकि कोई हमें तवज्जो नहीं दे रहा था फिर भी न जाने क्यों लग रहा था कि हर शख़्स हमारी स्लीपर चप्पलें ही देख रहा होगा। फिर भी बेहतरीन अनुभव रहा। मनीष ने लौटते वक़्त कहा कि आप न होते तो मैं कभी ऐसी हालत में डिस्क न जाता। मैंने कहा कि कौन जानता है यहाँ और कौन-सा रोज़-रोज़ आना है। कम-से-कम तजुर्बा तो हुआ डिस्क का। सच में उससे पहले कभी डिस्क गये ही नहीं थे। अगले दिन सुबह कैमरे की बैटरी लेनी थी। होटल में ही एक शॉप थी। इसको चलाती थीं एक पाकिस्तानी आंटी। उनसे दोस्ती हो चुकी थी। उन्हें पता था कि मैं लखनऊ से हूँ। वह लाहौर से थीं। उनके पति के बाप-दादे शायद लखनऊ से थे। दस दिन के दौरान उन्होंने मुझसे तीन बार कहा कि सुधीर तुम यहीं रुक जाओ। मैंने कहा कि मेरे पास वीज़ा ही नहीं है ज़्यादा दिन का। वह बोलीं, न काम की चिन्ता करो और न रहने की। वीज़ा न होने पर एक छोटा-सा केस होगा, वह बहुत लम्बा चलेगा। तब आराम से नौकरी करो और यहीं रुको। लोगों को कनाडा आने का मौक़ा आसानी से नहीं मिलता। मैंने कहा कि जी ज़रूर, सोच कर बताऊँगा, घर पर बात कर लूँ। फिर मन ही मन सोचा अजब बावली आंटी है। मैं भला क्यों रुकूँ कनाडा में।

कीनिया वाली दोस्त और नियाग्रा फॉल

शायद डायो नाम था उसका। अफ्रीका से भी भारत की तरह बड़ी संख्या में पत्रकार और ग़ैर-सरकारी संगठनों के लोग टोरंटो आये थे। उन्हीं में से एक थी। कीनिया के किसी अख़बार की पत्रकार थी। अफ्रीका से आये ज़्यादातर पत्रकार बहुत फन लविंग थे। बेहद मज़ाक़िया और ख़ुशमिज़ाज। कुछ को छोड़ दें तो ज़्यादातर की अंग्रेज़ी की कच्ची टिक्की थी। मेरी तरह। फिर भी हम लोगों की ठीक-ठाक दोस्ती हो गयी थी। शाम को होटल की लॉबी और लॉन में ख़ूब तफरी होती। अफ्रीकियों के पास हमसे कहीं ज़्यादा चुटकुले थे। ख़ासतौर से चीनी लोगों पर। एक दिन डायो से देर रात तक काफ़ी बात हुई थी। उसने साफ़ कहा—आपके साथ का अनुभव अलग है पर मुझे भारतीय लोग पसन्द नहीं। मुझे बहुत ताज्जुब हुआ कि आख़िर भारत से क्या ग़लती हो गयी। महात्मा गाँधी ने तो अश्वेतों के लिए कितना संघर्ष किया।

मैंने पूछा वजह क्या है? उसने जो जवाब दिया, उसने मुझे आश्चर्य में डाल दिया। डायो के तेवर चढ़े हुए थे। उसने कहा कि तुम्हारे मुल्क के लोग हमारे यहाँ आकर अमीर हो गये हैं। बड़े-बड़े धन्धे उनके हैं। हमारे मुल्कों के मर्द उनके यहाँ नौकरी करते हैं। तुम्हारे देश की औरतें जादू जानती हैं। वह ख़ूब मेकअप करके सुन्दर बनी रहती हैं और फिर अपने जादू से हमारे आदमियों को अपना ग़ुलाम बना लेती हैं। मन तो किया कि पूछ लूँ कि तुम किसी मीडिया हाउस से हो या किसी हुम्बुक-डुम्बा क़बीले में झाड़फूँक करने वाले की बेटी, पर मैं हँसकर शान्त हो गया। मेरे शान्त होने के बावजूद वह बोलती रही। उसका कहना था कि जो अंग्रेज़ों ने भारतीयों के साथ किया था। वही भारतीय लोग अब अफ्रीका के अलग-अलग मुल्कों में रहने वालों के साथ कर रहे हैं। उसकी नज़र में भारतीय पूँजीपति शोषक थे। मेरे लिए अपने देश के लोगों के बारे में ऐसा सुनना आश्चर्यजनक था। ग़ैर-मुल्क में जाकर आख़िर भारतीय बिज़नेसमैन कैसे ऐसा हो सकता है। ख़ैर दस दिनों के दौरान ऐसा काफ़ी कुछ चलता रहा। मसलन एक भारतीय रेस्टोरेंट की मालकिन ने बड़े फख़्र से बताया कि यहाँ जिसके जितने ज़्यादा बच्चे, उसकी उतनी मौज है।

ख़ासतौर पर वहाँ के हिसाब से कम आमदनी वाले परिवारों के लिए। स्कूल में बच्चों का समान स्तर बनाये रखने के लिए प्रति बच्चे के हिसाब से उनके अभिभावकों को वजीफ़ा मिलता है। ऐसा मुझे उस महिला ने बताया। उसके छह बच्चे थे, लिहाज़ा उसे काफ़ी डॉलर्स बच्चों के लिए स्टैंडर्ड को बनाये रखने के लिए मिलते थे। शायद ऐसा इसलिए भी था क्योंकि कनाडा की आबादी काफ़ी कम है। वहाँ की सरकार चाहती थी कि आबादी बढ़े।

वापसी के दिन क़रीब आ रहे थे। घूमने के नाम पर हमने सिर्फ़ टोरंटो के एक हिस्से को देखा भर था। ओंटेरियो झील के किनारों पर ही ज़्यादातर वक़्त बीत जाता था। सीएन टॉवर हमने सिर्फ़ इसलिए नहीं देखा कि पचास डॉलर कौन ख़र्च करे। लौटते वक़्त यूरोप घूमना था। लिहाज़ा कोशिश थी कि जो रोज़ के दो सौ डॉलर मिल रहे हैं। उसमें से इतनी बचत हो जाये कि हमारे हाथ में टोरंटो से निकलते वक़्त पन्द्रह सौ डॉलर हों। लिहाज़ा उडुपी में शाम का खाना ही हमारी सबसे बड़ी अय्याशी हुआ करती थी। उसका मेन्यू मेरे बैग में पड़ा रहता। कभी भी दस डॉलर से ऊपर का खाना नहीं खाया। इसके बावजूद दिल में एक ख़्वाहिश थी कि कनाडा आये और नियाग्रा नहीं देखा तो फिर क्या देखा। एक शाम बातों-बातों में मेरे मुँह से यह बात कल्पना जैन जी के सामने निकल गयी। अगली ही सुबह कल्पना जी ने ख़ुशी से बताया कि काइज़र फाउंडेशन की ओर से सभी अफ़्रीकी और भारतीय पत्रकारों को नियाग्रा फॉल ले जाया जायेगा। कॉन्फ्रेंस ख़त्म होने के अगले ही दिन काइज़र से जुड़ी हमारी मेज़बान पेनी डेखम ने एक बेहतरीन टूरिस्ट बस का इन्तज़ाम कराया। क़रीब सवा सौ किलोमीटर का फ़ासला था। रास्ता क़रीब तीन घंटे का, जिसमें बीस मिनट का एक ब्रेक भी शामिल था। हमारा ड्राइवर ही गाइड भी था। सभी ख़ुश थे और मैं सबसे ज़्यादा क्योंकि अब मुझे लग रहा था कि यूरोप टूर के लिए पैसा भी बच जायेगा और मैं घूम भी लूँगा। बस चल पड़ी। क़रीब सवा घंटे बाद हम एक जगह रुके। यूँ कहें कि ढाबा ब्रेक था। पर वहाँ का ढाबा मैं कभी नहीं भूलूँगा। कोई चाय, समोसा या भट्ठी नहीं। एकदम फ्रेश फ्रूट्स। ख़ासतौर से सेब तो इतने बढ़िया थे कि भारत में मैंने कभी वैसे सेब नहीं खाये। फलों का जूस और वाइन भी थीं। पूरे रास्ते में हमें कई वाइनरीज नज़र आयीं। इनके मालिक कारों से नहीं, बल्कि हेलीकॉप्टर से सीधे अपनी वाइनरीज में उतरते। अंगूरों की बेलें चारों तरफ़ लहलहाती नज़र आ रही थीं। बेहद ख़ूबसूरत रास्ता था।

क़रीब पचास किलोमीटर पहले से ही हमें आसमान में दूर से सफ़ेद रंग के गाढ़े बादलों का एक पुँज नज़र आने लगा। पैनी ने बताया कि यह बादल नियाग्रा

फॉल्स के ऊँचाई से गिरने से निकली धुन्ध की वजह से बने हैं। जैसे-जैसे नियाग्रा पास आ रहा था, हमारे ड्राइवर कम गाइड साहब की कमेंट्री तेज़ होती जा रही थी। उन्होंने सड़क के बायीं तरफ़ बह रही नदी के बारे में बताया कि यह नियाग्रा नदी है। अमेरिका की तरफ़ से आती है और ओंटेरियो की झील में मिल जाती है। नदी के उस पार अमेरिका के न्यूयॉर्क राज्य का बुफैलो शहर था। उन हाइड्रोपावर प्लांट्स की जानकारी भी मिली जो फॉल्स से गिरने वाली अथाह जलराशि की वजह से अपार बिजली पैदा करते हैं। इन जानकारियों को लेते हुए रास्ता कब बीत गया, पता ही नहीं चला। पैनी के सारे इन्तज़ाम बेहद चुस्त-दुरुस्त थे। हमारे बस से उतरते ही नियाग्रा घुमाने वाली बोट फेरी की लाइन में हमें लगा दिया गया। सबको पहनने के लिए एक नीला रेन कोट दिया गया। पॉलिथीन का बना हुआ। उस पर लिखा था—मेड ऑफ मिस्ट। समझ नहीं आया कि आख़िर रेनकोट क्यों दिया जा रहा है। ख़ैर हम उसको पहनकर एक छोटे-से क्रूज या बड़े स्टीमर पर सवार हो गये। यह धीरे-धीरे उस ओर बढ़ने लगा जिधर जलप्रपात यानी नियाग्रा फॉल्स गिर रहा था। जैसे-जैसे क़रीब आते गये, पानी की आवाज़ें तेज़ होती गयीं और पानी मिश्रित हवा भी। अब समझ आया कि अगर रेनकोट न होता तो हम पूरी तरह से भीग जाते। सबके चेहरों पर पानी था। ग़ज़ब अनुभव था। अभूतपूर्व और अविस्मरणीय। आख़िर वहाँ जो महसूस हो रहा था, उसे कैसे भूला जा सकता था। पैनी आयीं और उन्होंने पूछा सुधीर ख़ुश हो न, मैंने कहा—बहुत। फिर हम हाथ पकड़ खड़े हो गये। कुछ देर वहाँ बिताने के बाद फेरी वापस आई। हम कनाडा साइड वाले किनारे पर खड़े होकर फ़ोटो खिंचाने लगे। पास नियाग्रा पर एक बड़ा पुल भी था जो कनाडा के ओंटेरियो और अमेरिका के न्यूयॉर्क प्रान्त को जोड़ता था। दोनों देशों के लोग बिना वीज़ा आ-जा रहे थे। हम सबने क़रीब एक घंटा वहाँ घूमकर बिताया, फिर हम पास के ही मैरियेट होटल के टॉप फ्लोर पर लंच करने के लिए निकल पड़े। यह हमारे नियाग्रा फॉल पैकेज का हिस्सा रहा होगा। इस बीच हमारी एक साथी न जाने कहाँ ग़ायब हो गयीं। सबके चेहरे उतर गये। लंच के दौरान भी हम सबने उन्हें बड़ा मिस किया। फ़िक्र भी हुई कि अकेली पत्रकार पर क्या बीत रही होगी। लंच के साथ वाइन और बीयर भी थी। सारा खाना कॉन्टीनेंटल था। ढूँढ़-ढूँढ़कर कुछ ऐसा खाया जो गले उतर सकता। आख़िर दस-बारह दिन हो गये थे, वैसा सब-कुछ खाते। ख़ैर लंच करके बस वापसी के लिए जाने लगी तो ग़ायब हुई मोहतरमा एक पेड़ के नीचे बैठी नज़र आयीं। हम सबकी नज़र पड़ी तो उन्हें वापस बुलाया और फिर हम सब टोरंटो के लिए चल पड़े। नियाग्रा फॉल्स के गिरने से आसमान में जो बादल बन रहे थे, अब वह पीछे छूटते नज़र आये।

टोरंटो टू एम्सटर्डम और यूरोप की मस्ती

एड्स कॉन्फ्रेंस ख़त्म हो चुकी थी। पेनी डेखम ने नियाग्रा फॉल्स भी घुमा दिया था। यूँ समझिए कि टोरंटो को लेकर जो ख़्वाहिशें मन में सँजोयी थीं, उससे कहीं बेहतर पूरी हो चुकी थीं। हमें 19 अगस्त को वापसी की फ्लाइट पकड़नी थी। 18 अगस्त 2006 की शाम होटल नोवोटल के टॉप फ्लोर पर हम लोगों के लिए एक डिनर आयोजित किया गया था। इसमें अरुण त्रिपाठी जी जैसे हमारे बड़े भाइयों के लिए कोई ख़ास आकर्षण नहीं था। शुद्ध शाकाहारी। दूध, ब्रेड और फलों पर उन्होंने दस दिन काटे थे। फिर भी वह कुछ देर के लिए पार्टी में थे। जब से उन्हें रवानगी की फ्लाइट में देखा था, तब से मैं फ़िक्र में था कि इन्हें तो सँभालना होगा।

वह ठहरे सीनियर न्यूज़ एडिटर। वह भी दिल्ली हेडऑफिस में। मैं लखनऊ का सीनियर रिपोर्टर। ख़ैर, इसका तोड़ निकाला। उनके न चाहने के बावजूद उन्हें हम लोग नाइट क्लब लेकर चले गये। तक़रीबन खींचते हुए। पोल डांस दर्शन और बीयर में सहभागी बनकर उन्होंने हम लोगों के डर को थोड़ा कम कर दिया। अब इस बात की आशंकाएँ ख़त्म हो गयी थीं कि यात्रा में हुई तफरी को लेकर दफ़्तर में कोई चर्चा भी होगी। अलबत्ता सीनियर जर्नलिस्ट अंगना पारेख और ग्रुप की महिला ब्रिगेड को जब नाइट क्लब के अनुभवों को हम लोगों ने नमक मिर्च लगाकर बताया तो बेचारे अरुण जी ही उनके निशाने पर आ गये। एक बोलीं भी-इन्हें तो बच्चों को सँभालना चाहिए था, ख़ुद ही चले गये। ख़ैर इन बातों का ज़िक्र महज इसलिए कि यात्रा के दौरान कुछ हल्के-फुल्के लम्हों का बयां भी हो जाये। इस पार्टी में पहली बार हमें तन्दूर नज़र आया। लोहे की सरियों में विशाल चिकन सरीखा कुछ लगाकर भूना जा रहा था। तन्दूर सँभालने वाला कोई भारतीय था। उसने बताया कि भइया यह टर्की है। इधर यही ज़्यादा खाया जाता है। ख़ासतौर से क्रिसमस के आसपास। एक बड़ी-सी मेज पर एक विशालकाय मछली लगी हुई थी। एक दम सफ़ेद। पता चला कि यह भाप में पकी हुई है। कनाडा वालों ने खाना शुरू किया। छोटे-से हिस्से को केक की तरह काटते और प्लेट में डालकर नमक डाल देते।

हम लोगों के लिए यह थोड़ा मुश्किल था। कल्पना जी, तौफीक रशीद और अरुण जी तो ऐसे ही फलों से काम चला रहे थे। वाइन और कुछ वेज स्नैक्स ज़रूर काम के थे। हमारे लिए इस डिनर में खाने का आकर्षण कम था। दुनिया भर से आये बाक़ी पत्रकारों से विदाई लेना ज़्यादा महत्त्वपूर्ण था। अगले दिन सबकी फ्लाइट्स अलग-अलग थीं। डिनर के दौरान हम सब काफ़ी भावुक नज़र आये। एक-दूसरे के फ़ोन नम्बर लिए। इस वादे के साथ कि फ़ोन करते रहेंगे। जबकि सच यह था कि कभी दोबारा उन नम्बरों को देखा भी नहीं। रोज़मर्रा की ज़िन्दगी में वापस आते ही ऐसी यात्राओं के दोस्त अक्सर भुला ही दिये जाते हैं। अगले दिन सुबह-सुबह सब लोग रिसेप्शन पर इकट्ठा हुए। मेरे पन्द्रह सौ से कुछ अधिक डॉलर बचे हुए थे। पन्द्रह हज़ार रुपये के डॉलर और यूरो मैं दिल्ली से लेकर आया था। यानी मैं अब ख़ुद को यूरोप घूमने के लिहाज़ से रईस समझने लगा था। तभी एक मुसीबत आ गयी। चेक-आउट करने के लिए जैसे ही रिसेप्शन पर पहुँचा तो एक मोहतरमा ने क़रीब पाँच सौ डॉलर का बिल थमा दिया। मेरी तो हालत ख़राब। मुझे पता ही नहीं था कि फ्रिज में रखे पेय, नट्स, फ्रूट्स और चिप्स का पेमेंट करना पड़ेगा। मैंने रोज़ जमकर खाया था। अब घड़ों पानी सिर पर था। हाथ-पाँव काँप रहे थे। पाँच सौ डॉलर बड़ी रकम थी। तभी न जाने कहाँ-से देवदूत से पेनी डेखम चली आयीं। बोलीं—नो सुधीर, आई विल पे। मैंने कृतज्ञता से उन्हें देखा। स्टार होटलों के मामले में एक नौसिखिए रिपोर्टर के लिए यह बड़ा सबक था। उसके बाद से हमेशा ध्यान रखा कि पानी की बोतलें, कुछ बिस्किट या फल ही आपके पैकेज में होते हैं। लिहाज़ा फ्रिज खोलने की ज़रूरत नहीं। हम सबने अपनी बेहतरीन होस्ट पेनी का शुक्रिया अदा किया और एयरपोर्ट के लिए रवाना हो गये। मेरे, शेखर और हरेन्द्र के अलावा ज़्यादातर लोगों को इस बात की जानकारी नहीं थी कि हम लोग दिल्ली तक नहीं, बल्कि सिर्फ़ एम्सटर्डम तक ही उनके साथ हैं। वापसी की फ्लाइट में भी नीदरलैंड में ही हमें ब्रेक लेना था। क़रीब आठ-नौ घंटे की फ्लाइट के बाद हम एम्सटर्डम पहुँचे। वहाँ पहुँचकर जब हम तीनों ने दिल्ली के बाक़ी साथियों को बताया कि हम एम्सटर्डम में ही रुक रहे हैं तो वह आश्चर्य में पड़ गये। कल्पना जी को यह बात पहले से पता थी। मनीष श्रीवास्तव जाने क्यों भावुक हो गया। वह हमें जाता देखकर रोने लगा। मुझे समझ ही नहीं आया कि वह हमसे अलग होने की वजह से दुखी है या ख़ुद यूरोप टूर का हिस्सा न बन पाने से। ख़ैर हम लोग एयरपोर्ट से बाहर निकल कर आये। हमारा साथी हरेन्द्र बेहतरीन गाइड था। उसे सब पता था।

सारी टिकट व होटल उसी ने बुक कराई थीं। हमने अपना सामान ट्रॉम में लादा और सेंट्रल एम्सटर्डम पहुँच गये। सुबह का वक़्त था।

एम्सटर्डम की हवा में एक अलग ही मस्ती थी। ट्राम ने हमें एक ख़ूबसूरत से चौराहे पर उतार दिया। अब हमें अपना होटल ढूँढ़ना था। होटल का नाम याद नहीं है। हाँ, इतना ज़रूर याद है कि फाइव स्टार होटल मैरियट के क़रीब एक सड़क भीतर की ओर जाती थी। वहीं पर था हम ग़रीबों का होटल। उस वक़्त तक वहाँ झाड़ू नहीं लगी थी। शायद शनिवार या रविवार का दिन था। बीती रात जमकर पार्टी हुई, इसके सुबूत सड़क पर जहाँ-तहाँ बिखरे हुए थे। बीयर की ख़ाली केन और शराब की बोतलें। सुबह के वक़्त घूमने वाले भी पक्के तफ़रीबाज़ थे। यहाँ मैं यह ज़रूर बताना चाहूँगा कि अब तक की यात्राओं में मुझे सबसे निष्ठुर क़िस्म के लोग फ्रेंच या पेरिस वाले लगे और सबसे हँसोड़ एम्सटर्डम के। काफ़ी देर तक होटल न ढूँढ़ पाने पर एक स्थानीय मोटे-से अंकल से जब पता पूछा तो उसने हँसते हुए कहा—आगे से लेफ्ट जाइए, फिर एक सर्कल आयेगा और वहाँ से राइट मुड़कर सीधे आधा किलोमीटर चले जाइए। अगर रास्ते में कोई ख़ूबसूरत लड़की न मिली तो आप लोग दस मिनट में पहुँच जायेंगे। किसी भी बात को सीधे न बताकर उसमें कुछ नमक-मिर्च जोड़कर तफरी करना वहाँ के लोगों की आदत में शामिल था। ऐसे वाक़िये वहाँ कई बार हुए। वाकई में दस मिनट में हम होटल पहुँच गये। बहुत छोटा-सा कमरा था एक के ऊपर एक बेड था। एक बाथरूम। पानी की बोतलें। कोई फ्रिज नहीं। पूरी तरह से अपने यहाँ की धर्मशाला टाइप। उसके लिए हम तीनों को एक दिन के पैंतीस-पैंतीस यूरो ख़र्च करने थे। सामान रखकर हम सब नहाये धोये। मैंने अपना सोनी का वीडियो कैम गले में टाँगा। फिर तीनों घूमने निकल पड़े। शेखर की रुचि संग्रहालयों में थी। हरेन्द्र को नाइट लाइफ का इन्तज़ार था और मैं बहती हवा-सा घूमते हुए पूरे एम्सटर्डम में घुल जाना चाहता था। बारहवीं शताब्दी से अब तक का इतिहास समेटे हुए यह शहर बेहद ख़ूबसूरत था। सौ से ज़्यादा नहरें शहर के भीतर साठ किलोमीटर इलाक़े को कवर कर रही थीं। एकदम वेनिस की तरह। यह नहरें यूनेस्को की हेरिटेज प्रॉपर्टी हैं। कुछ चीज़ें कोलकाता जैसी नज़र आयीं। मसलन यहाँ साइकिल, कार, ट्राम, इक्का और बस सब एक ही सड़क पर दौड़ते नज़र आ रहे थे। दोनों शहरों के बीच फ़र्क़ सिर्फ़ इतना था कि यहाँ कोलकाता जैसी भीड़ नहीं थी और सबकुछ बेहद तमीज़ में था।

लाल रोशनी वाली इवा और एनी फ्रैंक की डायरी

संगीत लहरियों का शहर। नाचते-झूमते लोगों का शहर। आठ घंटे की लम्बी फ्लाइट से होटल पहुँचने के बाद एक घंटे के भीतर ही हम फ्रेश होकर शहर घूमने निकल चुके थे। समस्या यह थी कि हमारे पास सिर्फ़ एक रात और दो दिन थे एम्सटर्डम घूमने के लिए। शेखर ने कहा कि उसे म्यूज़ियम देखना है। मेरे लिए सबसे ज़्यादा बोरिंग होता है संग्रहालयों में जाना। मेरा मुँह बना देखकर शेखर ने कहा—यार एम्सटर्डम आये और यहाँ के म्यूज़ियम नहीं देखे तो क्या देखा। मैं बावला-सा शेखर को देखने लगा। फिर कहा—क्या यार, गड़े मुर्दे उखाड़ने का क्या फ़ायदा। शहर देखते हैं। बोट राइड लेते हैं। म्यूज़ियम में क्या वक़्त बरबाद करना। शेखर ने कुछ कहा नहीं। वह ऐसे भी ज़्यादा नहीं बोलता। एक म्यूज़ियम के बाहर लिखा था—एनी फ्रैंक। वह उसका अलग-अलग एंगल से फ़ोटो लेने में बिजी हो गया। सड़क के दूसरी ओर एक बेहद ख़ूबसूरत गोरी लड़की डांस कर रही थी। क्या बताऊँ, इतने सुन्दर भाव और नृत्य में बिजली-सा करेंट। मैं उसका वीडियो बनाने लगा। नृत्य ख़त्म हुआ। लोगों ने पैसे दिये। लड़की अपने साथियों के साथ चली गयी।

शेखर अभी भी म्यूज़ियम के बाहर डटा हुआ था। भीतर जाने का टिकट महँगा था। शेखर का जाने का मन था। पर हम दोनों का नहीं। हमारी कोई दिलचस्पी न देखकर शेखर ने थोड़ा चिढ़कर कहा—एनी फ्रैंक का नाम सुना है। मैंने कहा कि, नहीं, कौन है? फिर शेखर ने बताया कि दूसरे विश्व युद्ध के दौरान यहूदियों पर हुए अत्याचारों को एक पन्द्रह साल की लड़की एनी ने अपनी निजी डायरी में दर्ज किया था। एनी एक जर्मन लड़की थी। बाद में वह अपने परिवार के साथ भागकर एम्सटर्डम आ गयी। कहने को यह एक निजी डायरी थी। पर उसमें जर्मन अत्याचारों के जो वर्णन थे, वह पूरे समुदाय का प्रतिनिधित्व करते थे। एनी की मौत 16 साल की उम्र में ही हो गयी। बाद में उसके पिता को डायरी मिली। इस पर जब किताब छपी तो कहते हैं कि अलग-अलग भाषा में तीन करोड़ प्रतियाँ बिकीं। कई नाटकों व फ़िल्मों का आधार यह डायरी बनी। मुझे यह जानकारी दिलचस्प लगी।

इसके बावजूद मैंने शेखर के इस आग्रह को टाल दिया कि हमें म्यूज़ियम देखना चाहिए। मेरा तर्क था कि हॉलैंड के आठ सौ साल के इतिहास को सँजोये इन संग्रहालयों को हम आख़िर एक दिन में कितना देख पायेंगे। लिहाज़ा शहर को देखा और घूमा जाये। बहरहाल दोपहर हो चुकी थी। अब तेज़ भूख लगी थी। तभी मुख्य सड़क से भीतर जाती एक पतली गली में एक रेस्टोरेंट दिखा जिसका नाम था—मौर्या, उसके बोर्ड पर अशोक की लाट भी लगी थी। एकबारगी लगा कि शायद भारतीय दूतावास से जुड़ा कोई दफ़्तर हो पर वह इंडियन रेस्टोरेंट ही था।

अन्दर बिल्कुल भीड़ नहीं थी।

काफ़ी दिनों बाद भारतीय रेस्टोरेंट या रेस्त्राँ में आये थे। भूख भी ज़ोरों की लगी थी। मेन्यू देखा तो भिंडी आठ यूरो की, मटर पनीर भी इतने का ही और दाल छह यूरो की। हम तीनों ने गुप्त मन्त्रणा शुरू की। सबने हिसाब लगाया कि 25 यूरो से ज़्यादा नहीं ख़र्च करने। इसमें दो बीयर का ख़र्च भी शामिल था। वैसे बीयर न लेते तो पानी लेना पड़ता, वह बीयर से भी ज़्यादा महँगा था। दिल पर पत्थर रखकर हम तीनों ने पनीर को अपने ऑर्डर से बाहर कर दिया। दाल नवाबी, भिंडी दो प्याजा, नान और पुलाव का ऑर्डर कर दिया। भारतीय वेटर और मैनेजर हम भारतीयों को देखकर ख़ुश हुए। उनमें से एक ने बताया कि वह दिल्ली से है। हम तीनों में से कोई भी दिल्ली से नहीं था। इस बीच खाना सर्व हुआ तो उसमें मटर पनीर भी था। हम तीनों ने एक-दूसरे को देखा और वेटर को बुलाया। हमने कहा कि मटर पनीर तो हमने बोला नहीं था। इतने में मैनेजर आ गया। उसने कहा कि यह शेफ ने आप लोगों के लिए अपनी तरफ़ से भेजा है। हम कुछ बोल नहीं पाये। हरेन्द्र का राजपूत खून अचानक खौल गया। उसने हम दोनों को घूरते हुए कहा कि तुम दोनों इतनी तेज़ी से बोल रहे थे पैसों के बारे में कि मैनेजर ने सुन लिया। अब हमें ग़रीब समझ कर मुफ़्त में पनीर दे रहा है। मैंने कहा कि दे रहा है तो इसमें बुरा मानने की क्या बात है। ख़ैर हम लोगों ने खाना खाया। हरेन्द्र का मुँह बना ही रहा। चलते समय हमने दो यूरो का टिप दिया और साथ में मैनेजर को बोला कि शेफ को धन्यवाद दीजिएगा। खाना बहुत मज़ेदार था। इसके बाद हम लोग क़रीब छह घंटे तक शहर को पैदल घूमते रहे। कुछ जगहों पर ट्राम से भी गये। हमने हर वह जगह देखी जो फ़िल्म 'हम-तुम' के एक गाने में दिखाई गयी है। 'सोचती है ज़्यादा-कम वो समझती है इसलिए लड़कियाँ लड़कों सी नहीं होतीं', शायद यही गाना था। पूरे शहर में नहरों का जाल-सा बिछा हुआ था। बड़ी संख्या में टूरिस्ट बोट राइड ले रहे थे। हम तीनों के लिए थोड़ा मुश्किल था। सबके टिकट काफ़ी महँगे थे।

बीच-बीच में एम्सटर्डम के लोकल लोगों से अपनी बातचीत भी हो रही थी। बाइक्स के एक शोरूम के बाहर एक हज़ार सीसी की होंडा मोटरसाइकिल खड़ी थी। मैंने वहाँ खड़े गार्ड से अनुमति ली और उस पर बैठकर एक फ़ोटो खिंचवायी। शाम होने को आ रही थी। अब हमें जाना था एम्सटर्डम के सबसे बड़े टूरिस्ट आकर्षण की ओर। वह था लाल रोशनी वाला इलाक़ा यानी रेड लाइट एरिया। यहाँ पर रेड लाइट एरिया यानी वेश्यालय टूरिस्ट मैप में दर्ज है। एकदम लीगल। हम तीनों की दिलचस्पी इसलिए भी ज़्यादा थी कि हमें एचआईवी एड्स प्रोजेक्ट के तहत इसी तरह के समुदायों को सबसे ज़्यादा समझना था। सेक्स वर्कर्स के अलावा एम्सटर्डम को समलैंगिकों के केन्द्र के तौर पर भी जाना जाता है। अजब-गजब हेयर स्टाइल के साथ यह लोग अपनी विशिष्ट पहचान व पहनावों के साथ घूमते नज़र आये। इस समुदाय के कुछ अपने ख़ास संकेत व फ़ैशन होते हैं, जिनसे इनके साथी उन्हें पहचान लेते हैं। कई जगहों पर रोड पर ही ऑर्केस्ट्रा के शो चल रहे थे। उनके बीच से गुज़रते हुए हम पुराने एम्सटर्डम के लाल रोशनी वाले इलाक़े में पहुँच गये। यहाँ पर एक रेड लाइट म्यूज़ियम भी था। हमने उसे देखा तो नहीं पर एक एनजीओ की मदद से उसके बारे में जानकारी हासिल की। इसमें यौन कर्मियों के हज़ारों साल के इतिहास का ज़िक्र था। यहाँ के रेड लाइट इलाक़े को देखकर बड़ा अजीब-सा लगा। लड़कियाँ शोकेस में सजी हुई गुड़िया की तरह खड़ी हुई थीं। तरह-तरह के इशारे और अंग प्रदर्शन कर वह लोगों को रिझातीं। शीशे के केबिन में भीतर लाल रंग की रोशनी थी। मैंने अपने सोनी हैंडीकैम से उन्हें शूट करना शुरू किया तो तीनों ही लोगों को वहाँ के लोगों ने तक़रीबन दौड़ा लिया। बाद में पता चला कि इस इलाक़े में फ़ोटोग्राफी मना थी। हमें उन लड़कियों में से किसी से बात करनी थी। एक से बातचीत की शुरुआत हुई तो उसने सीधे बताया कि सौ यूरो। बात करो या या कुछ भी। हममें से कोई भी सौ यूरो ख़र्च करने की स्थिति में नहीं था। लिहाज़ा एक स्थानीय एनजीओ के साथी के ज़रिये एक यौनकर्मी के साथ अगले दिन की मुलाक़ात तय हुई। काफ़ी रात हो चुकी थी। हम लोग लौट आये। अगले दिन मैं अकेले लड़की से मिलने एनजीओ के दफ़्तर में गया। लड़की का बदला हुआ नाम इवा था। उसने बताया कि वह पोलैंड से है। यहाँ इंजीनियरिंग की पढ़ाई कर रही है। फ़ीस भरने और पोलैंड में अपनी दूसरी बहनों के ख़र्च के लिए वह पार्ट टाइम बतौर सेक्स वर्कर काम करती है। उसने बताया कि यह काम यहाँ लीगल है। हर तीन महीने में उनकी मेडिकल जाँच होती है। वह बाकायदा टैक्स भी देती है। इवा का

कहना था कि इस प्रोफ़ेशन में आयी हर लड़की ग़रीबी से परेशान होकर ही आती है। उनकी बड़ी महत्त्वाकांक्षा होती है। ख़ासतौर से पढ़कर करियर बनाने की। उसके लिए बड़ा पैसा जुटाने के लिए इस छोटे धन्धे में उन्हें आना ही पड़ता है। इवा और उसकी जैसी तमाम लड़कियों का लिविंग स्टैंडर्ड मुम्बई के कमाठीपुरा या कोलकाता के सोनागाछी की सेक्स वर्करों से कहीं बेहतर था पर मजबूरियाँ तक़रीबन वैसी ही।

अ मॉर्निंग इन पेरिस

22, 23 अगस्त 2006

पिछली रात हम लोग थक गये थे। होटल लौटते वक़्त शेखर, मैंने और हरेन्द्र ने डिनर में मैकडॉनल्ड का बर्गर खाया। हम काफ़ी थक चुके थे। नींद आ रही थी। अचानक हरेन्द्र ने कहा कि वह रात में भी घूमेगा। शेखर और हमने तय किया कि अब आराम करेंगे। हरेन्द्र यह कहकर गया कि दो घंटे में आ जायेगा। पर वह रात में क़रीब दो बजे आया। हम लोग काफ़ी घबरा भी गये थे कि अकेले विदेश में कोई दिक़्क़त न हो। थोड़ा ग़ुस्सा भी आ रहा था। एम्सटर्डम वैसे तो मौज-मस्ती वाला शहर है पर रात होते ही दुनिया बदलने लगती है। लोग ड्रग्स, माराजुआना और तमाम तरह के नशों के सौदागर आपसे सम्पर्क करने पहुँच जाते हैं। हिन्दुस्तानी को देखकर कई अफ्रीकी तो बाकायदा हिन्दी में ऑफर दे रहे थे। लिहाज़ा हमारी फ़िक्र यह थी कि हरेन्द्र ऐसे किसी प्रलोभन में आकर पासपोर्ट पैसा न लुटवा दे। पर ऐसा कुछ नहीं हुआ। हम सब सो गये। अगले दिन देर से उठे। दोपहर में आसपास के इलाक़ों को घूमते रहे। मैंने इसी दौरान अपना एनजीओ वाला काम भी कर ही लिया था। इवा से मुलाक़ात उसी सिलसिले में थी जिसका पिछली कड़ी में ज़िक्र किया था।

रात में दस बजे हमारी बस थी। एम्सटर्डम से पेरिस के लिए। बोरिया-बिस्तर सुबह-सुबह ही बाँधकर होटल के रिसेप्शन पर रखवा दिया था। यह कहकर घूमने निकल गये कि जब शाम को आयेंगे तो सामान उठा लेंगे। दिन भर हम लोग एम्सटर्डम के मशहूर इलाक़ों में घूमते रहे। हाँ, म्यूज़ियम में घुसने का साहस अगले दिन भी नहीं किया। शाम बीतते-बीतते हमने काफ़ी कुछ देख लिया। ट्यूलिप गार्डेन तो नहीं देखे। पर हाँ कुछ फूलों और उनके बीजों की दुकानों को ही निहार लिया। हमें एम्सटल स्टेशन रात साढ़े नौ बजे पहुँचना था। हम नौ बजे ही पहुँच गये। यह देखकर वहाँ पहले-से मौजूद लोगों को कुछ ख़राब भी लगा। दरअसल, वहाँ बस स्टेशन पर टाइम से सिर्फ़ आधा घंटे पहले ही पहुँचना होता है। नहीं तो बेवजह भीड़

हो जाती है। हालाँकि हम तीनों के वहाँ जाने के बाद भी कोई ख़ास भीड़ नहीं थी। यूरोलाइन की बस से पेरिस जाने और एम्स्टर्डम वापस आने का टिकट 80 यूरो का था। हम लोगों के लिए अच्छी-ख़ासी बड़ी रकम। ख़ैर दस बजते ही बस आ गयी। रात में हल्की गुलाबी ठंड थी। ओढ़ने के लिए हमारे पास कुछ नहीं था। हालाँकि अन्दर बस वातानुकूलित थी तो कोई ख़ास दिक़्क़त नहीं हुई। मैं खिड़की वाली सीट पर था। फ़ायदा कुछ नहीं हुआ। रात ही इतनी हो चुकी थी। सड़क की स्ट्रीट लाइट में सिर्फ़ रोड ही दिखायी पड़ रही थी। रास्ते में कहीं-कहीं कुछ पवन चक्कियाँ ज़रूर रोशनी में चमकती नज़र आ रही थीं। हमारे इर्द-गिर्द ज़्यादातर यूरोपियन टूरिस्ट लड़के-लड़कियाँ थे। अपने प्रेम के प्रदर्शन में यहाँ के लोग निजत्व का कोई ध्यान नहीं रखते। न ही उनका एक-दूसरे को खुलेआम प्यार करना, अश्लीलता के दायरे में आता है। लिहाज़ा आगे-पीछे देखकर लगा कि पूरी बस की बस ही प्रेम में पगती जा रही है। हम तीनों ही निहंग बने बैठे थे। आधे-एक घंटे के बाद नींद आ गयी। सोये हुए क़रीब चार घंटे बीते होंगे कि कंडक्टर की आवाज़ ने जगा दिया। पता चला कि यह मिड नाइट ब्रेक है। यह ब्रेक मिला बेल्जियम की राजधानी ब्रसेल्स के हाइवे पर बने एक शॉपिंग प्लाजा में, जिसमें कैफ़े भी था।

मूत्रालय में आधा यूरो ख़र्च करने के बाद हम तीनों ने कोल्ड ड्रिंक ले ली। बाक़ी लोग काफ़ी कुछ खा रहे थे। कॉफ़ी या बीयर पी रहे थे। हम लोगों ने घर से लाई एक-एक मठरी खायी और कोल्ड ड्रिंक पीकर वापस बस में आ गये। बस में वापस जाते समय टिकट के साथ-साथ एक बार फिर सबके पासपोर्ट चेक किये गये। हम फिर से पेरिस की ओर रवाना हो गये। कुछ देर में गहरी नींद आ गयी। आँख खुली तो हम पेरिस के गैलिनी बस स्टेशन पर थे। वहाँ उतरते ही सबसे पहले हमें इमीग्रेशन पर जाकर अपनी हाज़िरी दर्ज करनी थी। पासपोर्ट पर ठप्पा लगवाना था। वहाँ पहुँचते ही हमारी मुसीबतों का सिलसिला शुरू हो गया। इमीग्रेशन पर बैठे साहब फ्रेंच में बात कर रहे थे और हम टूटी-फूटी इंग्लिश में। बड़ी मुश्किल से वहाँ से निकले। होटल की बुकिंग का छपा काग़ज़ दिखाकर लोगों से पता पूछा और बस पकड़ी। बस ने जहाँ उतारा, वहाँ से समझ ही नहीं आ रहा था कि अब जाना कहाँ है। वैसे मुझे याद पड़ता है कि जिस जगह बस ने उतारा था, वह ठीक वैसी थी जैसी 'दिलवाले दुल्हनिया ले जायेंगे' फ़िल्म के एक सीन में थी। वही जगह जहाँ शाहरुख खान काजोल से माफ़ी माँगने के बजाय उसके मुँह पर पानी की पिचकारी मारकर भागता है। ख़ैर एक बड़ी अटैची, एक कन्धे का बड़ा बैग लादे हम जगह-जगह लोगों से अपने होटल का पता पूछ रहे थे। होटल का नाम था—बैटिगनाल्स विलियर्स।

फ्रेंच में इसे कुछ और कहते होंगे। क़रीब एक घंटे तक होटल के आसपास ही घूमने के बाद हम होटल में पहुँचे। होटल के रिसेप्शनिस्ट से जैसे ही हमनें अंग्रेज़ी में अपना परिचय दिया, उसने चार कोने का मुँह बना लिया। यहाँ लोग अंग्रेज़ी सुनते ही कट लेते थे या मुँह बना लेते थे। अलबत्ता हिन्दी बोल दो तो ज़रूर समझने की कोशिश करने लगते। बड़ी मुश्किल से कमरे की चाभी मिली। तीन अलग-अलग बेड थे। यह अच्छा था। हम तीनों ने क़रीब एक घंटे तक आराम किया। फिर नहाकर घूमने निकल पड़े। सबसे पहले हम पहुँचे मूलान रूज़। बहुत सुना था इसके बारे में क़रीब सवा सौ साल का इतिहास समेटे है यह जगह। लाल चक्के वाली इस छोटी-सी दिखने वाली इमारत के बाहर न जाने कितनी पीढ़ी ने तस्वीरें खिंचवायी होंगी। मैं भी उनमें से एक हूँ। यह जगह कलाओं के प्रदर्शन ख़ासतौर पर कैबरे डांस के लिए मशहूर है। पर वैसा कैबरे नहीं जो फाइव स्टार होटलों में होता है। यहाँ होने वाला डांस क्लासिक की श्रेणी में आता है। मेरे एक मित्र जिन्होंने कई बार वहाँ के शो देखे हैं, वह इसे अद्‌भुत बताते हैं। एक काफ़ी महँगे टिकट के साथ आपको शैम्पेन के साथ स्नैक्स मिलते हैं। साथ में डांस का आनन्द। मूलान रूज़ मेरी नज़र में क्या है, तो सिर्फ़ एक हसरत है। मैं दो बार पेरिस गया। पहली बार यही यात्रा दो दिन वाली। फिर 2015 में क़रीब 18 दिन के लिए। दोनों ही बार मैं मूलान रूज़ के शो देख नहीं पाया। वैसे भी ख़ासतौर पर यूरोपियन आभिजात्य के लिए ही है। कॉन्फ्रेंस में रोज़ मिलने वाले ख़र्चे से डॉलर बचाकर यूरोप घूमने वालों के लिए इसके भीतर जाने की कोई गुंजाइश नहीं थी। लिहाज़ा इस दिन सारा वक़्त तो हम सेन नदी के किनारे की इमारतों को देखते रहे। कभी पुल के ऊपर चले जाते। नीचे बहती नदी को ताकते। उसमें से गुज़रते स्टीमर और पार्टी करते लोग। पेरिस रोमांस का शहर है। कलाओं और ग्लैमर का शहर है। लन्दन के बाद यूरोप का सबसे समृद्ध शहर माना जाता है। तरह-तरह की आर्ट और पेंटिंग तो इतनी ही हैं कि पूछिए मत। हर कुछ क़दम पर हमें एक गैलरी या म्यूज़ियम दिखाई पड़ जाता। सच कहूँ तो पेरिस आने के बाद बड़ी हीनता का अनुभव हो रहा था। कलाओं की जानकारी के मामले में वाकई अपने भीतर की दरिद्रता महसूस हो रही थी। लूव्रे विश्व प्रसिद्ध संग्रहालय है। हम उसके सामने घूम रहे थे। इस संग्रहालय में फ्रांस के राजघरानों से जुड़े बेहतरीन नायाब कला संग्रह मौजूद थे। उन्हें देखने के लिए दुनिया भर के लोग आते हैं। मेरी जानकारी सिर्फ़ मोनालिसा पेंटिंग तक ही थी। उसे भी देखने के लिए संग्रहालय के भीतर नहीं गये। हम तीनों बाहर ही घूमते रहे। यक़ीनन कला प्रेमी शेखर का काफ़ी मन रहा होगा। पर शायद मेरी वजह से उसने दोबारा कभी कहा ही नहीं।

बाहर से ही हम तीनों फ़ोटोग्राफी करते रहे। सेन नदी के आसपास के इस पूरे इलाक़े को यूनेस्को की विरासत के तौर पर जाना जाता है। लिहाज़ा यहाँ किसी क़िस्म का नया निर्माण है ही नहीं। सबकुछ ऐतिहासिक। सच कहूँ तो शायद पेरिस उस वक़्त मेरे जैसों के लिए था ही नहीं। मैं वहाँ की ख़ूबसूरती और सांस्कृतिक विरासत को समझ ही नहीं पा रहा था। वैसे भी लखनऊ से निकलते हुए सत्रहवाँ दिन हो रहा था। पुराने पेरिस की एक दुकान से कैमरे का सेल लेने गया तो दुकानदार एक भारतीय था। मुझे घर की इतनी याद आ रही थी कि आँखों में आँसू आ गये। दुकानदार ने पूछा क्या हुआ, मैंने कहा कि घर और भारत छोड़े आज सत्रह दिन हो गये, बहुत याद आ रही है अपनी मिट्टी की। दुकानदार भी भावुक हो गया। वह बोला, मुझे तो सत्रह साल हो गये। आँखें उसकी भी भीगी हुई थीं। उसने बैटरी के चार यूरो मेरे बार-बार कहने के बाद भी नहीं लिए। मैं काफ़ी उदास था। मन कर रहा था कि टिकट प्रीपोन कराकर वापस चला जाऊँ। पर अगले दिन की सिटी टूर बस बुक थी। एफिल टॉवर देखना था।

एफिल टॉवर, डेन हॉग और फिर वापस दिल्ली

23 अगस्त 2006 की इस शाम को मेरी उदासी जा ही नहीं रही थी। अपनी मिट्टी की ख़ुशबू क्या होती है, यह मुझे घर और भारत छोड़ने के 17वें दिन से ही समझ आने लगा था। भारतीय दुकानदार जो बरसों से यहीं बस चुका था, उसने जब मेरी आँखें भीगी देखीं तो वह भी दुखी हो गया था। अव्वल तो बैटरी के पैसे नहीं लिए। फिर यह कहते हुए विदा किया कि भाई शाम को इस इलाक़े में न आना। यह पूरा एरिया रेड लाइट में तब्दील हो जाता है। ड्रग्स के धन्धेबाज बदमाश कई बार लोगों के पर्स के साथ उनका पासपोर्ट भी छीन लेते हैं। यही सलाह मुझे पास के ही एक पाकिस्तानी दुकानदार ने भी दी। लिहाज़ा अँधेरा होते ही हमने वापस अपने होटल जाकर आराम करना ही बेहतर समझा। शाम के खाने में एक बार फिर बर्गर कोल्डड्रिंक से काम चलाया। हरेन्द्र को हॉटडॉग पसन्द था, उसने दो यूरो में एक ठेले पर ही डिनर निपटा दिया।

अगले दिन सुबह-सुबह ही हम अपने होटल से सामान के लिए निकल लिए। ओगेन एगरलस से पेरिस घूमने के लिए पहले ही बुकिंग करा ली थी। हमारा सामान बस में सुरक्षित हो गया। एफिल टॉवर के क़रीब इस बस ने हमें क़रीब तीन घंटे के लिए छोड़ दिया। मौसम गुलाबी ठंडक लिए हुए था। खिली हुई धूप थी। कुल मिलाकर बस की छत से पेरिस घूमने में मज़ा आ रहा था। एफिल टॉवर पर उतरते ही बस के गाइड ने जगह बता दी कि तीन घंटे बाद सब यहीं मिलेंगे। हम लोग दौड़ते हुए एफिल टॉवर में सबसे ऊपर जाने के लिए लाइन में लग गये। नीचे से सीधे ऊपर जाने का टिकट सस्ता था। बीच में पहले फ्लोर पर रेस्टोरेंट है। क़रीब चार हज़ार वर्ग मीटर के पहले फ्लोर पर तीन हज़ार लोग एक साथ आ सकते हैं। उसके लिए अलग टिकट था। हमारे पास इतना वक़्त ही नहीं था। क़रीब आधे घंटे में टिकट विंडो पर पहुँच पाये, टिकट लिया। फिर लिफ्ट के लिए लाइन में लग गये। नम्बर आया और कुछ ही देर में हम सबसे ऊपर पहुँच गये। चारों तरफ़ लोहे की जाली लगी हुई थीं। उनके अन्दर से झाँक-झाँक कर लोग शहर को निहार रहे थे।

वहीं पर एक बुजुर्ग भारतीय दम्पति मिल गये। कोई गुप्ता जी थे, जो रिटायरमेंट से पहले सिविल इंजीनियर थे। उन्होंने हम लोगों से बात करने की शुरू की। वह यह जानकार बहुत ख़ुश हुए कि हम लोगों को एक फ़ेलोशिप के तहत विदेश घूमने का मौक़ा मिला है। गुप्ता जी थोड़ा भावुक होकर बोले कि बच्चो, तुम लोग ख़ुशनसीब हो। हम लोगों को तो अब बुढ़ापे में रिटायरमेंट के बाद यहाँ आने का मौक़ा मिला। हम लोगों ने क़रीब आधा घंटा ऊपर बिताया और फिर वापस नीचे उतर आये। चूँकि अभी पर्याप्त समय बचा था, लिहाज़ा हम लोग गुस्ताफ एफिल का इतिहास बाँचने लगे। वहाँ पर एफिल टॉवर के इतिहास की पूरी जानकारी थी। गुस्ताफ एफिल वह इंजीनियर थे जिनके प्रस्ताव को स्वीकार कर एफिल टॉवर बना। टॉवर को उन्हीं का नाम भी दिया गया। यह टॉवर 1889 में सिर्फ़ बीस साल के लिए बनाया गया था। 1909 में इसे तोड़ा जाना था। तब यह इतना ज़्यादा प्रसिद्ध हो गया कि बजाय तोड़ने के उसका संरक्षण किया गया। दुनिया में टिकट लेकर देखी जाने वाली किसी भी इमारत में एफिल टॉवर अव्वल नम्बर पर है। जिस तरह से ताज से भारत की पहचान होती है तो उसी तरह से एफिल टॉवर फ्रांस को सिम्बोलाइज करता है।

एफिल टॉवर के आसपास फ्रेंच पुलिस काफ़ी एक्टिव थी। इस इलाक़े में उचक्के काफ़ी सक्रिय बताये गये। इनके अलावा अवैध तौर पर फ्रांस में घुसकर छोटे-मोटे सामान बेचने वालों को भी पुलिस भगाती नज़र आ रही थी। इसमें अफ्रीकी और एशियन मूल के ग़रीब लोग थे। पुलिस वाले घोड़ों पर थे तो कुछ रोलर स्टैक्टस पर तेज़ी से मूवमेंट कर रहे थे। बस वाली जगह पर हम आधे घंटे पहले ही पहुँच गये। आख़िर हमारा सारा सामान बस में था। शाम को हमें पेरिस के इंटरनैशनल बस अड्डे से वापस एम्सटर्डम रवाना होना था। बस आयी और उसने फिर शहर घुमाना शुरू किया। गाइड तमाम म्यूज़ियम और ऐतिहासिक स्थलों के बारे में विस्तार से बता रहा था। शेखर ध्यान से सुन रहा था और नोट भी कर रहा था। दूसरी तरफ़ मैं यह देखने में लगा था कि पेरिस के ट्रैफ़िक को कंट्रोल करने के लिए यहाँ भी दिल्ली-लखनऊ जैसी भसड़ थी। खटाखट गाड़ियों को उठाया जा रहा था और चालान कट रहे थे। कुल मिलाकर एफिल टॉवर देखने के बाद मुझे ऊब हो रही थी। यह भी समझ नहीं आ रहा था कि पेरिस को क्यों इतना ख़ूबसूरत माना जाता है। यक़ीन मानिए दस साल तक मेरे मन में पेरिस को लेकर यही परसेप्शन रहा। वह तो 2015 में जब थोड़ी बेहतर समझ और सोच के साथ 18 दिनों के लिए दोबारा पेरिस गया तब समझ आया कि वास्तव में पेरिस क्या शहर है। ख़ैर कुछ घंटों बाद हमारा टूर ख़त्म हुआ। बस ने हमें इंटरनैशनल स्टैंड पर उतार दिया। यहाँ से अब हमें फिर से

वापस एम्सटर्डम जाना था। रात ग्यारह बजे की बस थी। इस बीच डिनर किया। थोड़ा इन्तज़ार और फिर बस आ गयी। हम तीनों काफ़ी थके थे। बस के चलते ही सो गये। बीच में एक बार फिर ब्रसेल्स में बस रुकी। इस बार हम लोग नीचे नहीं उतरे। सोते रहे। सुबह होते ही एम्सटर्डम बस स्टैंड के पास ही रेलवे स्टेशन से हम लोगों ने पहली बार यूरो ट्रेन की सवारी की। अब हम डेन हॉग या दे हेग की ओर थे। एम्सटर्डम और राटर्डम के बाद यह शहर हॉलैंड का तीसरा सबसे बड़ा शहर है। हमारे पास दो विकल्प थे। या तो हम जर्मनी के शहर फ्रैंकफर्ट जाते। या फिर डेन हॉग। दोनों जगहों के होटलों में हमारी एडवांस बुकिंग थीं। फ्रैंकफर्ट दूर था। सिर्फ़ 12 घंटे में हर शहर को कुछ जान भी नहीं पाते। लिहाज़ा एमस्टर्डम से सिर्फ़ पचपन किलोमीटर दूर डेनहॉग जाने का फ़ैसला ही अन्तिम रहा। मुसीबत यह थी कि हमें यहाँ एक दिन पहले पहुँचना था। इसका ख़मियाजा हमें भुगतना पड़ा। ख़ैर पहले यूरो ट्रेन का ट्रैवल। ट्रेन ज़्यादातर ख़ाली थी। युवा अपनी साइकिलों के साथ ट्रेन में चढ़ रहे थे। साइकिल रखने के लिए अलग से जगह थी। टिकट उस वक़्त सात यूरो का था। 24 अगस्त 2006 को। अब यह शायद 14 यूरो के क़रीब होगा। सिर्फ़ पैंतीस मिनट में हम द हेग पहुँच गये। यह शहर यूनाइटेड नेशन की गतिविधियों का बड़ा केन्द्र है। इंटरनैशनल कोर्ट ऑफ जस्टिस भी यहीं है। रास्ते में हमें कुछ ट्यूलिप के खेत भी दिखे। वही जो यश चोपड़ा की फ़िल्मों में ज़रूर दिखाये जाते हैं। सुबह दस बजे के क़रीब हम अपने होटल पहुँचे। उत्तरी सागर के तट से क़रीब दो सौ मीटर दूरी का यह छोटा-सा होटल एक भारतीय मूल की आंटी जी का घर था। इसके दो फ्लोर उन्होंने टूरिस्टों के लिए रखे थे। तीन पीढ़ी से यह महिला इसी शहर में रह रही थीं। टूटी-फूटी हिन्दी आती थी। इसका इस्तेमाल उन्होंने हम लोगों को देखते ही हमें डाँटने में किया। उनका एक दिन का किराया जा चुका था क्योंकि हम एक दिन बाद आये। उन्होंने साफ़ मना कर दिया कि अब उनके पास हमारे लिए कोई रूम नहीं। हम लोगों ने उनकी बहुत चिरौरी की। माफ़ी माँगी तो वह पिघल गयीं। कहा दो घंटे इन्तज़ार करिए, फिर रूम मिलेगा। ख़ैर इन्तज़ार का मीठा फल मिला। तीसरी मंज़िल का बेहद ख़ूबसूरत कमरा उन्होंने हमें दिया जिसकी खिड़की से बीच दिख रहा था। हम तीनों ख़ुश हो गये। फ्रैश हुए और सबसे पहले बीच पर पहुँच गये। बीच को देखते ही लगा कि अरे इस जगह को तो हमने कई बार देखा है। समुद्र के पानी में भीतर जाता एक पुल और फिर गोल राउंड वाला होटल। हरेन्द्र तब तक बीयर की दो केन ले आया। हम लोग बीच पर घूमने लगे। कुछ बच्चे समुद्र की लहरों पर सरफिंग कर रहे थे। मैंने भी उनकी लकड़ी के स्केट्स को लहरों पर

डालकर लहरों पर लहराने की कोशिश की तो छपाक से समुद्र के पानी में गिर गया। बीयर अपना काम दिखा चुकी थी। जोश उत्तरी सागर के ठंडे पानी में पूरी तरह से ठंडा हो गया। मैं वैसे ही भीगा हुआ वापस होटल पहुँचा। कपड़े बदले और फिर लंच करने निकल पड़े। बग़ल में ही एक मॉल था। उसके सिनेमाघर में उसी दिन हिन्दी फ़िल्म रिलीज़ हुई थी—कभी अलविदा न कहना। पोस्टर देखकर हम लोगों ने एक भारतीय रेस्टोरेंट ढूँढ़ा। खाना बहुत महँगा था पर हमारे पास पैसा काफ़ी बचा हुआ था। लिहाज़ा छक कर खाया। यह सोचकर कि अब डिनर स्किप कर देंगे। यह शहर बहुत सुन्दर इमारतों वाला था। ज़्यादातर सरकारी दफ़्तर या संस्थान थे। हाँ, बीच पर बेहतरीन कलाकृतियों को सजाया गया था। जिसमें ज़्यादातर विशालकाय मुखौटे थे। रात होने को आयी। सुबह-सुबह हमें वापस एम्सटर्डम एयरपोर्ट पहुँचना था। बड़ी ख़ुशी हो रही थी उस रात। यह हमारे पहले विदेशी दौरे की आख़िरी रात थी। घर पहुँचने की बहुत जल्दी हो रही थी। किसी तरह रात में नींद आयी। फिर सुबह-सुबह हम वापस यूरो ट्रेन से एयरपोर्ट पहुँचे और फिर इमीग्रेशन से होते हुए अपनी फ्लाइट ली। आठ नौ-घंटे बाद हम दिल्ली एयरपोर्ट पर थे। मेरी चार घंटे के बाद कनेक्टिंग फ्लाइट थी। दिल्ली एयरपोर्ट पर पहुँचते ही हम तीनों ने आपस में हिसाब किया। हरेन्द्र ने एटीएम से पैसे निकालकर हम लोगों को दिये जो उसने यूरोप में लिए थे। मेरे पास क़रीब पचीस हज़ार रुपये के यूरो डॉलर थे। दस हज़ार रुपये की करेंसी तो मैंने चॉकलेट और ब्लैक लेबल लेने में ख़र्च कर दी। एक बोतल पापा को देनी थी और दूसरी नवीन जी को। दो लीटर दो लोगों के लिए लेने का यह क्रम मेरा हर विदेश यात्रा में जारी रहा। चॉकलेट बहुत ज़रूरी थी जो पूरे दफ़्तर के साथियों, घर और आस-पड़ोस के बच्चों के लिए लेनी ज़रूरी थी। बच्चों के लिए दो खिलौने टोरंटो में ही ले लिए थे। एयरपोर्ट पर ड्यूटी फ्री से ठीक-ठाक ख़रीदारी करने के बाद जब मैंने अपने यूरो और डॉलर को रुपयों में बदलवाकर लिया तो मेरे हाथ 14406 रुपये थे। दो तीन हज़ार पर्स में भी थे यानी एक भी पैसा मेरे पास से ख़र्च नहीं हुआ था और मैंने कनाडा और यूरोप को 19 दिनों तक घूमा था। इस तरह मेरी पहली यात्रा समाप्त हो गयी।

कड़ाके की ठंड वाला कोपेनहेगन

माइनस चार डिग्री टेम्परेचर। तेज़ हवा ऐसी कि जैसे कोई चाकू से गाल काट रहा हो। बग़ल में बह रही पानी के नहर में बर्फ़ की मोटी मलाई-सी उतरा रही थी। इनर के तौर पर पहने ऊनी लोअर अपर, उनके ऊपर जींस, स्वेटर, मोटी शर्ट और फिर बेहद गर्म मोटी जैकेट। कुछ भी काम नहीं आ रहा था। दुबली, पतली छोटी-सी भारतीय पर्यावरणविद् सुनीता नारायण कँपकँपा रही थीं। साथ ही डेनमार्क की लानत-मलानत भी कर रही थीं कि यह कैसा विकसित देश है। दरअसल, क्लाइमेट समिट में आये दुनिया भर के विदेशी प्रतिनिधियों का रजिस्ट्रेशन होना था और कोपेनहेगन में संयुक्त राष्ट्र संघ का ऑनलाइन सिस्टम कुछ ख़राब हो गया था। भारत जैसे गर्म देश में रहने वालों को तो खुले आसमान के नीचे यह ठंड बर्दाश्त नहीं हो रही थी। लिहाज़ा सबने अपनी जगह पर खड़े-खड़े जॉगिंग करना शुरू किया। शायद कूदने से कुछ गर्मी आये।

यूनाइटेड नेशन की कोपेनहेगन के साथ शुरू हुई मेरी नयी क्लाइमेट यात्रा को फ़िलहाल एक छोटा-सा विराम। वापस थोड़ा पीछे चलते हैं। इससे पहले के यात्रा संस्मरणों में मैंने ज़िक्र किया था अपनी पहली विदेश यात्रा का। वर्ल्ड एड्स कॉन्फ्रेंस के सिलसिले में यह यात्रा कनाडा और यूरोप के कुछ देशों की थी। अगस्त 2006 की इस यात्रा के बाद क़रीब एक साल बाद तक मैं देश घूमता रहा। आख़िर काइज़र फाउंडेशन की फ़ेलोशिप में मिले छह हज़ार डॉलर इसी काम के लिए थे। इस दौरान एचआईवी और हेल्थ से जुड़े मेरे कई लेख विश्व स्वास्थ्य संगठन के ई-जर्नल्स में छपे। पहली विदेश यात्रा से ज्ञान चक्षु खुलने लगे थे। कामकाज में उत्साह और मेहनत के साथ एक नयी चीज़ जुड़ने लगी थी। वह थी प्रोफ़ेशनलिज़्म, आगे की सोच कि कैसे आगे बढ़ना है। इसका असर यह हुआ कि मैं वरिष्ठ से प्रमुख संवाददाता बन गया। रिपोर्टर से रिपोर्टिंग इंचार्ज बना और फिर कुछ समय बाद अख़बार के स्टेट ब्यूरो का हिस्सा बना। क़रीब 14 साल की पत्रकारिता के बाद पहली बार फुल टाइम क्राइम रिपोर्टर। स्टेट क्राइम, होम डिपार्टमेंट, एटीएस और राज्य पुलिस से

जुड़ी दूसरी इकाइयाँ। क्राइम रिपोर्टिंग में ख़ूब काम किया लेकिन डेवलपमेंट जर्नलिज़्म को लेकर मेरा प्यार हमेशा बना रहा। इसी दौरान सेंटर फॉर साइंस एंड एनवायरमेंट की दक्षिण एशियाई पत्रकारों के लिए एक फ़ेलोशिप निकली। इसमें क्लाइमेट चेंज या जलवायु बदलावों पर काम किया जाना था। मैंने एप्लाई किया। मुझे यह फ़ेलोशिप मिली। टॉपिक था—इम्पैक्ट ऑफ क्लाइमेट चेंज ऑन मैंगो क्रॉप यानी आम की फ़सल पर जलवायु बदलाव का असर। इस पर जो ख़बरें मैंने कीं, वह सिर्फ़ मेरे उस वक़्त के अख़बार में ही नहीं। बल्कि द हिन्दू, जनसत्ता और इंटरनैशनल हेरल्ड जैसे अख़बारों में भी छपीं। फ़ेलोशिप में मेरे शोध का ज़िक्र करते हुए। पीटीआई और यूएनआई ने भी इंटरव्यू किया। अचानक पर्यावरणीय पत्रकारिता में मेरी पहचान बन गयी। नतीजा यह रहा कि कोपेनहेगन में होने वाली यूनाइटेड नेशन की क्लाइमेट समिट में एक मात्र भाषायी पत्रकार के तौर पर सीएसई की ओर से जाने वाली पत्रकार मंडली में मुझे भी शामिल किया गया। बाक़ी सभी अंग्रेज़ी के पत्रकार थे या टीवी चैनलों से थे। टिकट आते ही मैं तैयारियों में जुट गया। मुझे पता था कि दिसम्बर के महीने में कई बार कोपेनहेगन का तापमान शून्य से दस-पन्द्रह डिग्री नीचे तक चला जाता है। लिहाज़ा ऊनी कपड़े, जैकेट और खाने-पीने का काफ़ी सामान पैक किया। ड्राई फ्रूट्स और नमकीन ख़ासतौर पर। रेडी टू ईट वाले कुछ भारतीय व्यंजनों के पैकेट भी दिल्ली से ले लिए। जिन्हें सिर्फ़ गर्म पानी में डालकर खाने लायक बनाया जा सकता था। यह सारी तैयारियाँ सच में काफ़ी काम आयीं क्योंकि डेनमार्क बेहद ठंडा था और उससे भी ज़्यादा ठंडा था वहाँ का बेस्वाद खाना।

आने-जाने से लेकर ठहरने और रोज़ के सारे ख़र्चों से मैं मुक्त था। टर्किश एयरलाइंस के टिकट मेरे पास आ गये। पाँच दिसम्बर को दिल्ली के इंटरनैशनल एयरपोर्ट से मेरी दूसरी विदेश यात्रा की शुरुआत हुई। इस बार काफ़ी नये दोस्त बने। ख़ासतौर से तब एनडीटीवी में काम करने वाले सिद्धार्थ पांडेय। फ्लाइट का पहला पड़ाव था इस्ताम्बुल। तुर्की का ख़ूबसूरत शहर। एयरपोर्ट ज़्यादा बड़ा तो नहीं पर वहाँ का माहौल काफ़ी ख़ुशगवार था। कहते हैं कि इस्ताम्बुल में यूरोपियन और एशियन इस्लामिक कल्चर का ख़ूबसूरत मिश्रण देखने को मिलता है। शहर के भीतर तो ख़ैर जाना नहीं था पर एयरपोर्ट में ही उसकी झलक दिख गयी। एक तरफ़ विचित्र तरीक़े से आइसक्रीम खिलाने वाला जमूरा था। पाँच मिनट तक आप कौन-से हाथ में पकड़े रहेंगे, हर बार लगेगा कि आइसक्रीम कोन में आ ही गयी पर जमूरा की हाथ की सफ़ाई से ऐसा नहीं हो पाता। ग़ज़ब की बाजीगरी थी। वहाँ एक मार्केट भी था जिस पर बड़ा-बड़ा लिखा था बाज़ार। देखकर ख़ुशी हुई कि इधर भी बाज़ार अपने यहाँ

की तरह बाज़ार ही है। यह शब्द शायद तुर्क ही भारत लेकर आये होंगे। वैसे एक और चीज़ वहाँ दिखी जो दिल्ली के खान मार्केट से लेकर लखनऊ तक में दिखने लगी है। वह थी कि डोनर कबाब या शावर्मा भी कहते हैं उसे शायद। लोहे की राड में लिपटी हुई मीट और चिकन की परतें जो बिजली की हीटर से लगातार सिंकती रहती हैं। साथ में ही आटोमेटिक चाकू लगे हैं जिसके ज़रिये ग्राहकों को तुरन्त गरम सिंके हुए कबाब की तहें सर्व की जा रही थीं। अब बात करते हैं यूरोपीय प्रभाव की। ड्यूटी फ्री की वाइन शॉप में दुनिया भर की बेहतरीन शराबें लगी हुई थीं। यहाँ ख़ास बात यह थी कि लाल रंग की मिनी स्कर्ट पहने एक गोरी मोहतरमा छोटे-से काँच के कप से लोगों को अलग-अलग ब्रांड टेस्ट भी करा रही थीं। हमारे एक साथी पत्रकार ने तो ख़ाली टेस्ट करने के दौरान ही इतनी चढ़ा ली कि उन्हें अगली फ्लाइट में सहारा देकर ले जाना पड़ा। इस्ताम्बुल में उस वक़्त काफ़ी ठंड थी। इसका अहसास तब हुआ जब एक नये बने मित्र ने सिगरेट पीने के लिए स्मोकिंग जोन में चलने को कहा। यह जोन खुले में बनी थी और बेहद ठंडी हवा आ रही थी। मैं तो दो मिनट बाद ही वापस भीतर आ गया। फिर मैं बाज़ार में घूमने लगा। वहाँ की काफ़ी मिठाइयों का ज़ायका लिया। ज़्यादातर मेरे लिए नये स्वाद वाली थीं। उनमें ड्राईफ्रूट्स का इस्तेमाल काफ़ी ज़्यादा था। इसमें एक का ही नाम याद है—बकलावा। यह अब भारत में भी मिलने लगी है। वहाँ की मिठाइयों में चीनी का सीरप काफ़ी ज़्यादा था। कुछ में नॉनवेज भी। ख़ैर वापसी में भी इस्ताम्बुल एयरपोर्ट से ही आना था। हमने चार घंटे के ब्रेक के बाद दोबारा फ्लाइट ली। क़रीब पाँच घंटे बाद हम कोपेनहेगन में थे। खिली हुई धूप में भी कटीली ठंड। कैस्टरप एयरपोर्ट से हमें जाना था होटल केबिन एक्सप्रेस। एयरपोर्ट से वेनलोज़ की ओर जाने वाले रूट पर मेट्रो से जाना था। बीस मिनट बाद आने वाले फोरम मेट्रो स्टेशन पर उतरे। यहाँ से दो-तीन सौ मीटर पैदल चलकर ही होटल आ गया। बाहर से बेहद शानदार। रिसेप्शन भी बेहतरीन था। जब कमरे में पहुँचे तो होश उड़ गये। हमें लगा था कि नाम है केबिन एक्सप्रेस। यहाँ आकर पता चला कि कमरा भी केबिननुमा ही है। दो बिस्तर लगे थे। इतने कम चौड़े कि करवट ले लो तो गिर पड़े। बहुत ही कम जगह। उसमें भी हिन्दुस्तान टाइम्स के चेतन चौहान को भी पूरे बारह दिन हमारे साथ रहना था। बाथरूम गये तो दिमाग़ और ख़राब हो गया। फ्लाइट में टायलेट जिस साइज़ का होता है तक़रीबन उतना ही। बड़े ही स्मार्ट तरीक़े से उसमें पार्टिशन था। जिसे घुमाया जा सकता था। जब नहाना हो तो टायलेट सीट ग़ायब हो जाती थी। टायलेट यूज करना हो तो शॉवर और वॉश बेसिन नहीं दिखता। उस पर तुर्रा यह भी कि यह कमरा दस हज़ार रुपये रोज़ का था,

जो उस समय के हिसाब से काफ़ी महँगा था। ख़ैर कुछ किया नहीं जा सकता था। दो सौ मुल्कों के 18 हज़ार से ज़्यादा लोग वहाँ आये थे। शाम होते-होते तापमान शून्य से काफ़ी नीचे जा चुका था। चेतन कहीं बाहर थे। मैं कमरे की खिड़की से एकटक बाहर के सुनसान वीरान को देख रहा था। तभी एक साथी के कमरे से कॉल आयी। पत्रकारों की महफ़िल उधर लगी थी। उनके भी कमरे में बहुत कम जगह थी पर लोग एडजस्ट हो गये। ज़्यादातर लोग तैयारी से आये थे कि यहाँ ठंड काफ़ी होगी। रम और स्कॉच खुल गयी। महफ़िल जमने लगी। मैं कुछ देर में ही वापस अपने कमरे में था। बाहर हल्की बर्फ़ गिरना शुरू हो गयी थी। मेरे लिए बर्फ़बारी का यह पहला नज़ारा था। कुछ देर सफ़ेद रुई के नन्हे फाहों को गिरता देखता रहा। फिर नींद आ गयी। चेतन कब आकर अपने बिस्तर पर लुढ़के मुझे पता ही नहीं चला। सुबह जब आँख खुली तो मैं फिर खिड़की पर था। नीचे बर्फ़ की मोटी चादर थी। सारी गाड़ियों पर बर्फ़ की मोटी परत चढ़ चुकी थी। अब हमें कुछ देर में रजिस्ट्रेशन कराने निकलना था। इसके लिए हमें फोरम मेट्रो स्टेशन से बेला सेंटर मेट्रो स्टेशन तक जाना था। कुल 13 मिनट का रास्ता। आयोजन स्थल का नाम भी बेला सेंटर ही था। रजिस्ट्रेशन के लिए जब हम कॉन्फ्रेंस स्थल तक मेट्रो से पहुँचे तो वहाँ बहुत लम्बी लाइन लगी थी। पता चला कि कम्प्यूटर नेटवर्क में कुछ गड़बड़ है। यूनाइटेड नेशन की तैयारियाँ इतनी कमज़ोर। सुनकर कोफ्त हुई। ठंड के मारे सबका बुरा हाल था। हम भारतीय पत्रकार मारे ठंड के कूद-कूदकर गर्मी पैदा करने की कोशिश कर रहे थे। टीवी पत्रकारों के लिए यह भी एक ख़बर थी ही। सबने शूट करना शुरू कर दिया। घंटों ठंड में गलने के बाद अपना भी नम्बर आया। फ़ोटो खिंची, पहली बार यूनाइटेड नेशन की मान्यता मिली। फ़ोटो आईडी गले में आ गयी। अब अन्दर जा सकते थे। इस कार्ड से मेट्रो और बस पर फ्री चल सकते थे। अब हम बाकायदा संयुक्त राष्ट्र संघ के मेहमान थे। अगले दिन से यूएन की 15वीं और मेरी पहली यूनाइटेड नेशन क्लाइमेट समिट का कवरेज मुझे शुरू करना था।

क्लाइमेट कॉन्फ्रेंस : कहाँ फँस गया रे

यह ठीक है कि मैं डेवलपमेंट से जुड़े विषयों की पत्रकारिता कर रहा था। हेल्थ, मेडिकल और पर्यावरण की रिपोर्टिंग ख़ूब की थी। फिर भी हिन्दी पत्रकारिता में किसी एक ही बीट पर लगातार काम करने का मौक़ा मिलना आसान नहीं। जब तक ऐसा न हो विषय में दक्षता हासिल करना भी मुश्किल होता है। वैसे भी पिछले कुछ समय से क्राइम रिपोर्टिंग करते-करते बाक़ी चीज़ों पर ध्यान कुछ कम हुआ था। नतीजा यह था कि कोपेनहेगन में यूनाइटेड नेशन फ्रेमवर्क कन्वेंशन ऑन क्लाइमेंट चेंज यानी यूएनएफसीसी की सालाना होने वाली क्लाइमेट कॉन्फ्रेंस में पहले दिन से ही भयंकर बाउंसर झेलने पड़ रहे थे। दिक़्क़त यह भी थी कि बाक़ी अंग्रेज़ी अख़बारों और चैनलों के रिपोर्टरों को कितना आता है, यह मुझे मालूम नहीं था पर मुझे अपनी अंग्रेज़ी भाषा के दारिद्र की पूरी समझ थी। ज़ाहिर है, अन्तर्राष्ट्रीय सम्मेलन था तो उसकी भाषा अंग्रेज़ी ही होनी थी। बाक़ी फ्रेंच, अरबी, चाइनीज़, रशियन और स्पेनिश में भी वहाँ प्रेस नोट, प्रस्ताव, घोषणापत्र और दूसरे ज़रूरी दस्तावेज़ मिल रहे थे।

बतौर हिन्दी पत्रकार मेरे लिए कितनी दिक़्क़त थी, यह मैं समझ पा रहा था। यह बताने का उद्देश्य भी यही है कि सभी भाषायी पत्रकारों को अच्छी अंग्रेज़ी और एक दो अन्य भाषाएँ ज़रूर आनी चाहिए। ख़ैर मुझे काम तो चलाना ही था। लिहाज़ा मैंने चार-पाँच लोगों की एक लिस्ट बनाई जो भारत से ही थे। उन सभी में हिन्दी, अंग्रेज़ी और क्लाइमेट पॉलिटिक्स की अच्छी समझ थी। इनमें सीएसई की सुनीता नारायण, चन्द्रभूषण, सुपर्णो, पत्रकार नितिन सेठी, दोस्त पत्रकार सिद्धार्थ पाण्डेय और एक्शन एड से जुड़े पुराने घरेलू मित्र हरजीत। यह सब पर्यावरण राजनीति में ज्ञान के भंडार थे। लिहाज़ा मैंने ख़ाली वक़्त में इनकी जान खानी शुरू की। गूगल में सारी जानकारियाँ होती हैं पर उन्हें पढ़कर सीखना मेरे बस का नहीं। सुनकर पूछकर समझना मुझे हमेशा अच्छा लगा। तो पता यह चला कि दुनिया में बढ़ते प्रदूषण को लेकर दुनिया भर के मुल्कों का एक कन्वेंशन बनाया 1992-93 में। इसका नाम था यूएनएफसीसी। इसकी सालाना मीटिंग हर साल होती थी। 1997 की मीटिंग में

क्योटो प्रोटोकॉल के ड्राफ्ट पर सहमति बनी। इसके तहत विकसित देशों को अपने विकास की रफ़्तार के तौर-तरीक़ों को बदलते हुए वातावरण में घुले कार्बन और जहरीली गैसों को कम करना था। लगातार सम्मेलन होते रहे। हर साल काफ़ी बातें तय होतीं। उन पर अमल बहुत कम होता। ग्लोबल वार्मिंग धीरे-धीरे बढ़ती गयी। ख़ुद मैंने कोपेनहेगन, उसके बाद कैनकुन, डरबन, दोहा, पेरिस और बॉन की क्लाइमेट समिट कवर कीं। आख़िरी दिन की रिपोर्ट यही होती थी कि कुछ ठोस नहीं निकला। मेरी पहली और यूएनएफसीसी की 15वीं कॉन्फ्रेंस से भी दुनिया भर को काफ़ी उम्मीद थी कि इसमें कुछ ठोस निकलेगा।

पर किसी भी क्लाइमेट समिट से कुछ ठोस नतीजा निकाल पाना कितना कठिन है, यह मुझे कोपेनहेगन में समझ आया। इसमें अमेरिकी राष्ट्रपति ओबामा मौजूद थे। भारत के प्रधानमन्त्री मनमोहन सिंह थे। बीजेपी के सीनियर नेता मुरली मनोहर जोशी और वामपन्थी नेता सीताराम येचुरी भी संसदीय दल के प्रतिनिधि के तौर पर एक-दूसरे के कन्धों पर हाथ डाले गहरे दोस्तों की तरह घूम रहे थे। काश कि आज जैसे मोबाइल होते तो दोनों की ग़ज़ब फ़ोटो आती। ख़ैर बात थोड़ी सन्दर्भ से अलग हो गयी। कुल मिलाकर क्लाइमेट कॉन्फ्रेंस से जुड़ी बेसिक बातें मैंने समझ ली थीं। कोपेनहेगन के बेला सेंटर में पहला दिन भूलभुलैया में घूमने जैसा था। अलग-अलग देशों के ग्रीन रूम थे। इसमें उनके ब्यूरोक्रेट्स बैठते थे। राजनेताओं के लिए अलग पंडाल। एनजीओ के लिए अलग। मीडिया के लिए बहुत भी भव्य इन्तज़ाम था। इतना बड़ा मीडिया सेंटर मैंने कभी नहीं देखा था। दुनिया के सभी बड़े चैनलों ने अच्छा-ख़ासा स्पेस बुक कराया था। फॉक्स न्यूज़, सीएनएन, फेसबुक, गूगल और बीबीसी जैसों के जर्नलिस्ट और प्रतिनिधि बहुत व्यस्त नज़र आ रहे थे। पहले दिन तो मैं ऐसी चकाचौंध को देखकर उलझ ही गया। हर जगह टीवी मॉनीटर लगे थे। उनमें पूरे दिन की गतिविधियों की जानकारी कुछ यूँ चल रही थी जैसे हवाई अड्डों पर फ्लाइट्स की जानकारी की स्लाइड चलती रहती हैं। सभी पत्रकारों के लिए हेडफ़ोन और रिमोट्स थे। रिमोट्स पर पड़े नम्बर दबाकर आप किसी भी भाषा के भाषण को तत्काल अंग्रेज़ी अनुवाद में सुन सकते थे। हालाँकि ओबामा और मनमोहन सिंह के भाषणों को छोड़ दें तो मुझे वाकई में कोई ख़ास दिलचस्पी नहीं थी। मुझे तलाश थी ऐसी ख़बरों की, जिसमें हिन्दी अख़बार के पाठकों की रुचि हो। मैंने फोकस किया खेती-बाड़ी, जंगल, खानपान और ग़रीबों की समस्याओं पर जलवायु बदलाव के असर से जुड़ी बैठकों पर। बहुत-सी धार्मिक संस्थाओं के प्रतिनिधि भी वहाँ आये हुए थे। शाकाहार का भी काफ़ी प्रचार था पर ज़्यादातर लोग नॉनवेज

लंच ही कर रहे थे। पानी से ज़्यादा बीयर बिक रही थी। मीडिया सेंटर में ज़्यादातर पत्रकार बीयर पीते हुए ही काम कर रहे थे। भारतीय पत्रकारों का अच्छा-ख़ासा दल था, अलग-अलग चैनलों-अख़बारों से। हम सबने एक साथ ही अड्डा जमाया। बीच-बीच में एक्सक्लूसिव की तलाश में कुछ लोग ज़रूर कट लेते थे। कॉन्फ्रेंस के दौरान अचानक शोर मचा कि ओबामा की प्रेस कॉन्फ्रेंस होने जा रही है। हम सब दौड़ते हुए उस कॉन्फ्रेंस हॉल में पहुँच गये जहाँ कॉन्फ्रेंस होनी थी। आगे बढ़कर सीट छेंकने में भला भारतीयों का क्या मुक़ाबला। एक पर बैठे और बग़ल वाली पर बैग रख दिया कि अभी कोई आ रहा है। ख़ाली इसलिए अगर किसी भारतीय पत्रकार को सीट नहीं मिली तो उसे बैठा लेंगे। हॉल खचाखच भर गया। तभी सूटेड-बूटेड अमेरिकन सिक्योरिटी नमूदार हुई। हम समझे अब ओबामा आये। तभी यूएन के एक प्रवक्ता माइक पर आये और उन्होंने कहा कि जो पत्रकार व्हाइट हाउस कवर करते हैं, वहीं रुके। उनके पास स्पेशल पास होगा। बाक़ी लोगों को यहाँ बैठने की अनुमति नहीं हुई। दुनिया के दूसरे कई मुल्कों के पत्रकार थे। सब मन मसोस कर अपनी-अपनी भाषा में बड़-बड़ करते हुए निकल लिए। मुझे कोई ख़ास खिसियाहट नहीं हुई। मैं तो बस सबकुछ समझने की कोशिश में था। यह भी एक अनुभव सही। बेला सेंटर में मिल रहा यूरोपीय खाना हम भारतीयों के लिहाज़ से बेहद ख़राब-सा था। एकदम ठंडा। सैंडविच, बर्गर सब-के-सब ठंडे और फिलिंग में बीफ तो था ही। लिहाज़ा हमने तो झाँका भी नहीं। बिस्किट और कोल्ड ड्रिंक से काम चलाया। कुछ चखना बैग में रखकर लाये थे, उसे खाकर काम चलाया। चूँकि हम लोग कॉन्फ्रेंस शुरू होने के पाँच-छह दिन बाद आये थे। तब तक निगोसिएशन अपने चरम पर थे। अलग-अलग सेक्टर थे। मिटिगेशन, एडॉप्टेशन, एग्रीकल्चर, फॉरेस्ट, एनर्जी, ट्रांसपोर्ट और फूड। दुनिया के अलग-अलग देशों के समूह अपने-अपने हितों से जुड़े प्रस्तावों पर सबकी सहमति बनाने के लिए वार्ताओं में उलझे थे। यह बहुत ही ज़्यादा तकनीकी होता है। मतलब मान लीजिए जी-77 जिनमें विकासशील देश हैं और चीन का एक समूह। विकसित देश अमेरिका, कनाडा और आस्ट्रेलिया का अंब्रेला ग्रुप। जी-77 से अलग भारत, चीन, दक्षिण अफ्रीका और ब्राजील का एक अलग ग्रुप जिसे बेसिक कहते हैं। समुद्र द्वीपीय देशों का समूह जिसे ओएसिस के नाम से जाना जाता है। इसमें मालदीव और कैरेबियन आईलैंड जैसे देशों का समूह शामिल था। इन सबके हित अलग-अलग होते हैं। लिहाज़ा अलग-अलग टेक्स्ट ग्रुप की मीटिंग में आते हैं। फिर उनमें तमाम असहमतियों के साथ कुछ मुद्दों पर सहमति बनती है। फिर एक इतना टैक्निकल ड्राफ्ट तैयार होता है कि उसे समझने

में हमारे सचिवालयों के बाबू की भी जान निकल जाये। एक टैक्स्ट फिर ब्रैकेट, उसमें कोई आपत्ति और काफ़ी सारे किन्तु-परन्तु के साथ कोई एक प्रस्ताव आता था। मुझे आश्चर्य होता था कि अंग्रेज़ी अख़बारों के रिपोर्टर क्यों इतने तकनीकी हो रहे हैं। यह ठीक है कि उन ब्रैकेट्स और आपत्तियों में इंडस्ट्रियों से जुड़े काफ़ी हित होते होंगे पर कॉमन रीडर के लिए एक बहुत ही बोरिंग रिपोर्ट होती थी। पहले दिन के इतने तकनीकी और बोरिंग वार्ताओं के बीच मेरी नज़र एक लोकल अख़बार की ख़बर पर पड़ी। उसमें एक ख़बर थी कि क्लाइमेट समिट के दौरान सेक्स वर्कर्स पर काम बन्द करने का प्रतिबन्ध लगा दिया गया है। इससे नाराज़ होकर उनके संगठन ने होटलों में जाकर विदेशियों को मुफ़्त सर्विस देने का ऐलान किया है। मैंने कुछ लोकल सूत्र बनाकर इस ख़बर की पुष्टि की, मेरी पहली क्लाइमेट रिपोर्टिंग में उस दिन की मेरी रुटीन ख़बर ओबामा के विश्व समुदाय पर अमेरिकी दबाव बनाने की थी। साथ में एक बॉक्स सेक्स वर्कर्स की ख़बर का भी था। अगले दिन नेट पर जब यह ख़बर अंग्रेज़ी चैनलों और अख़बार के साथियों को दिखी तो वे चौंक गये। उस दिन तक काफ़ी लोगों को मेरा नाम नहीं पता था। अब साथियों ने नाम से जानना शुरू कर दिया। यह ख़बर मुझे कहाँ से मिली। मैंने बता दिया। अगले दिन हिन्दी की ख़बर अंग्रेज़ी में फॉलो हो रही थी। आख़िर पठनीयता भी तो कोई चीज़ होती है। कोपेनहेगन डायरी अब रोचक होने वाली थी।

तूफ़ानी बर्फ़बारी के बीच पुरानी दोस्त से मिलना

ठीक है कि मैं क्लाइमेट कॉन्फ्रेंस कवर करने गया था। मुझे ग्लोबल वार्मिंग को समझना था। पर वह रिपोर्टर ही क्या जो देश से बाहर निकले और दुनिया न समझे। मेरी एक मित्र थी कोपेनहेगन में। नाम है मियाँ। उनसे मुलाक़ात कुछ साल पहले लखनऊ में ही एक एनजीओ के दफ़्तर में हुई थी। किशोरों के मनोविज्ञान और हेल्थ से जुड़े एक प्रोजेक्ट पर वह उत्तर प्रदेश में काम करने के लिए आयी थीं। उसी मुलाक़ात के दौरान एक-दूसरे के फ़ोन नम्बर और पतों का आदान-प्रदान हुआ था। ख़ैर उस वक़्त अन्दाज़ा नहीं था कि वाकई मैं कभी कोपेनहेगन जा भी सकता हूँ। ख़ैर अब तो चला ही गया था। लिहाज़ा दूसरे ही दिन मियाँ को फ़ोन लगाया। तय हुआ कि अगले दिन दोपहर के वक़्त उसके एनजीओ के दफ़्तर में मिलेंगे। इत्तेफ़ाक से दफ़्तर उसी इलाक़े में था। बेला सेंटर से लौटने के बाद काफ़ी थक चुका था। चेतन हमेशा की तरह कमरे में काफ़ी लेट आता था। लिहाज़ा कुछ देर साथियों से गप्प लगाने के बाद मैं सोने चला गया।

अगले दिन सुबह तैयार होकर बाहर निकला। चारों तरफ़ क़रीब आधा फिट मोटी बर्फ़ की चादर बिछी हुई थी। दो आदमी सड़क के दोनों तरफ़ मशक जैसा कुछ लिए हुए थे। बाद में ध्यान से देखा तो वह उसमें भरे हुए नमक को बर्फ़ पर डाल रहे थे। दो बुलडोजर सरीखी गाड़ियाँ बर्फ़ हटाकर सड़क को चलने लायक बना रही थीं। मेरे हाथों में ऊनी दास्ताने थे। सिर टोपी से ढका हुआ था। बदन में ख़ूब गर्म जैकेट थी। कुल मिलाकर काफ़ी मज़ा आ रहा था। ज़िन्दगी में आपने जो कभी न देखा हो, वह हमेशा शुरुआत में आपको बेहद रोमांचित करता है। मैं भी बर्फ़ की तहों को देख बड़ा ख़ुश था। दास्ताने उतारे और एक माइल स्टोन पर जमी बर्फ़ को खोदकर अपना नाम लिखने लगा। अभी सिर्फ़ सुधीर का एस ही बना था कि लगा कि मानो उँगली सुन्न हो गयी हो। लगा नहीं, बल्कि वाकई सुन्न हो गयी थी। मैं तुरन्त बाहर की ठंड से होटल के भीतर गया। कुछ गर्मी आयी। फिर वहाँ का ठंडा नाश्ता किया। थोड़ी गर्म चाय पी। बाक़ी पत्रकार साथी कॉन्फ्रेंस कवर करने

के लिए बेला सेंटर निकल गये। 12 बजे का वक़्त तय था। मैं पते की स्लिप लेकर पैदल ही निकल पड़ा। बाहर बेहद तेज़ हवा चल रही थी। कुछ ही दूर पहुँचा था कि रुई के फाहों जैसी बर्फ़ गिरने लगी। बर्फ़बारी और तेज़ हवा। हालत ख़राब हो रही थी। एक चौराहे के क़रीब सड़क क्रॉस करनी थी। मैंने बायीं तरफ़ देखा तो रोड पर कोई गाड़ी नहीं थी। जैसे ही सड़क पर पहुँचा, तो अचानक दायीं तरफ़ एक गाड़ी ने ज़ोरों से ब्रेक मारा। हालाँकि मैं उससे काफ़ी दूर था। फिर भी गाड़ी वाले ने बहुत ज़्यादा सावधानी बरती। मैं अचकचाकर पीछे हट गया और फिर अपनी मूर्खता पर शर्मिन्दा महसूस करने लगा। दरअसल भूल गया था कि यहाँ गाड़ियाँ बायीं तरफ़ से नहीं बल्कि दायीं तरफ़ से आती हैं क्योंकि यहाँ लेफ्ट हैंड ड्राइविंग होती है। मैं घबराया-सा खड़ा हुआ था। तभी ध्यान दिया तो देखा कि जो गाड़ी मुझे बचाने के लिए रुकी थी, वह अभी भी वहीं खड़ी हुई थी। मैंने ड्राइवर को देखा और कृतज्ञ भाव की भंगिमा बनाते हुए धन्यवाद का इशारा किया। वह महाशय इसी इन्तज़ार में थे कि मैं थैंक्यू बोलूँ। फिर तेज़ी से आगे बढ़ गये। दरअसल यह वहाँ का कल्चर है। लोग धन्यवाद जैसी औपचारिकताओं का पूरा ध्यान रखते हैं। देने में भी और लेने में भी।

इस बीच हवाएँ और तेज़ होती जा रही थीं। मैं वहाँ लगे संकेत पटों से अपनी मंज़िल तलाशने की कोशिश में लगा था। गूगल लोकेशन की सुविधा तब थी नहीं। होती तो भी क्या फ़ायदा। मैंने अपने फ़ोन में इंटरनैशनल सिम डलवाया ही नहीं था। मोबाइल फ़ोन भी 2009 वाले ही थे। आज की तरह स्मार्ट नहीं। लिहाज़ा शुद्ध भारतीय तरीक़े से ही पता ढूँढ़ना था पर पूछें किससे। कोई आदमज़ात सड़क पर था ही नहीं। ख़ैर एक जगह संकेतक से रोड का नाम नज़र आ गया। उस सड़क के किनारे-किनारे बढ़ा तो बहुत छोटे-छोटे नेम प्लेट किनारे की इमारतों पर नज़र आये। उनमें नम्बर भी पड़े थे। समझ नहीं आ रहा था कि दायीं तरफ़ के फुटपाथ पर जाऊँ या बायीं तरफ़। फिर अन्दर से आवाज़ आयी पहले बायीं तरफ़ की रोड पकड़ो। मैंने दिल की बात सुनी। आख़िर दिल भी तो बायीं तरफ़ ही होता है। कुछ दूर आगे जाने के बाद मुझे वह छोटा-सा बोर्ड नज़र आ गया जिसकी मुझे तलाश थी। वहाँ एक डोर बेल थी। उसे दबाया। कुछ ही देर बाद एक नौजवान गेट पर आया। आते ही उसने मुझे मेरे नाम से बुलाया—यू आर सुधीर फ्रॉम इंडिया, आप सुधीर हैं भारत से। मुझे कोई आश्चर्य नहीं हुआ कि उसने मुझे कैसे पहचाना। हम सबकी शक्लें ही ऐसी होती हैं, जिनके माथे पर साफ़ लिखा होता है इंडियन। ख़ैर हम पहली मंज़िल पर पहुँचे। वहाँ मियाँ ने मेरा स्वागत किया। माइकल उसकी कुलीग था। मियाँ की एक सीनियर साथी भी वहाँ मौजूद थीं। तीनों बहुत प्यार से मिले।

उन्होंने बताया कि वह डेनमार्क के भी बच्चों से किशोर वय में पहुँचे युवाओं पर काम करते हैं। उनके लिए एक हेल्पलाइन चलाते हैं। जिसमें रोजाना काफ़ी फ़ोन आते हैं। ज़्यादातर किशोर सेक्स से जुड़े सवाल पूछते हैं। ख़ैर तब तक कॉफ़ी और सैंडविच आ गयीं। मुझे मालूम था कि लंच में यहाँ कुछ और नहीं मिलना। खाया, कुछ देर बात की और फिर उनसे विदा ली। मैं जितनी वार्म फीलिंग के साथ वहाँ गया था, वह ठंडी हो चुकी थी। हम लखनऊ वाले कुछ ज़्यादा भावुक होते हैं। अगर हमारे यहाँ विदेश से कोई मिलने आये तो पलक पावड़े बिछा देते हैं। मुझे वैसा डेनमार्क के साथियों की ओर से महसूस नहीं हुआ। हालाँकि उन्होंने अपनी तरफ़ से कोई कमी नहीं रखी थी। फिर भी मुझे ठंडापन महसूस हुआ। बाहर भी काफ़ी ठंडा था। अब भी बर्फ़बारी जारी थी। तेज़ हवाएँ चल रही थीं। मैंने मेट्रो स्टेशन की राह पकड़ी। जो कुछ दूर ही था। टिकट ख़रीदना नहीं था क्योंकि गले में यूनाइटेड नेशन का कार्ड पड़ा था। जाना बेला सेंटर था पर मेट्रो के भीतर एनाउंसमेंट होने लगा कि अगर आप यूएन समिट में आये हैं तो बेला सेंटर से एक स्टेशन पहले ही उतर जायें। पता चला कि बेला सेंटर मेट्रो स्टेशन के बाहर दुनिया भर से आये पर्यावरणविद प्रदर्शन कर रहे हैं। अमेरिका और दूसरे विकसित देशों के ख़िलाफ़।

मैं एक स्टेशन पहले उतरा। कुछ दूर पैदल चला और बेला सेंटर के भीतर दाख़िल हो गया। मीडिया सेंटर में हमारे सारे साथी जमे हुए थे। मैंने भी उन्हीं के बीच अपना लेपटॉप जमाया। जैकेट उतारकर रखी क्योंकि भीतर गर्मी थी। भीतर के ऊनी इनर भयंकर बेचैनी पैदा कर रहे थे पर करूँ क्या। मैंने साथ वालों को टटोलना शुरू किया। सब मनमोहन सिंह की स्पीच का इन्तज़ार कर रहे थे। मैं थोड़ा बाहर निकलकर दूसरे देशों के पंडालों की तरफ़ टहलने लगा। इस दौरान मैंने देखा कि इंग्लिश मीडिया से जुड़े मेरे कुछ साथी विदेशी वार्ताकारों से बातचीत में उलझे हैं। दरअसल यह रिपोर्टर पूरी तरफ़ से पर्यावरण पत्रकारिता के लिए कमिटेड थे। मेरी तरह पार्ट टाइमर नहीं। उनके विदेशों के ब्यूरोक्रेट्स और वार्ताकारों के साथ सम्बन्ध थे। यक़ीनन बीच-बीच में उनकी बातचीत होती रहती होगी, क्योंकि वह सब आपस में काफ़ी गर्मजोशी से मिल रहे थे। उन सबकी आपसी आत्मीयता को देखकर मुझे अपने बारे में कुछ यूँ लगा कि वीरानी शादी में अब्दुल्ला दीवाना। पर इस अब्दुल्ला को भी अपनी बारात तैयार करनी थी। वैसे भी यह पहली कॉन्फ्रेंस थी। ऊपर से मैं ठहरा हिन्दी का पत्रकार। अपनी भाषा विदेशियों को समझ नहीं आती थी। हालाँकि बाद की कॉन्फ्रेंसों में धीरे-धीरे बाहर वालों को भी समझ आने लगा था कि अपना पक्ष दूसरों को समझाना है तो उन्हें उनकी भाषा में ही बात करनी होगी।

लिटिल मरमेड, मैं और मेट्रो स्टेशन की परी

कोपेनहेगन आये चार दिन हो गये थे। यहाँ एक तो था बेला सेंटर। जहाँ दुनिया भर के राष्ट्रपति, प्रधानमन्त्री और पर्यावरण मन्त्रियों की मीटिंगें चल रही थीं। ब्यूरोक्रेट्स थे, विदेश सेवाओं से जुड़े दूतावासों के स्थानीय अफ़सर थे और पर्यावरणीय राजनीति के दक्ष वार्ताकार थे। दूसरा शहर के कुछ ख़ास अड्डे जहाँ विश्व भर के ग़ैर-सरकारी संगठनों का जमावड़ा था। हमारे लखनउआ दोस्त हरजीत एक्शन एड से जुड़े थे। 96-97 के दौर में वह लखनऊ में ही एक्शन एड की लोकल ज़िम्मेदारियाँ सँभालते थे। मैं भी तब नया-नया रिपोर्टर था। मेरी आगे बढ़ने की स्पीड कुछ धीमी रही लेकिन हमारे हरजीत काफ़ी आगे निकल गये। अंडमान-निकोबार में आयी सुनामी में उन्होंने वहाँ जाकर बेहतरीन काम किया। डिजास्टर मैनेजमेंट पर। अब वह ग्लोबल वार्मिंग पर दुनिया भर में जाने-माने नाम थे। अपने काम के दम पर। पता चला कि हरजीत, हमारे एक और मित्र संजय वशिष्ठ और कुछ अन्य साथी बेला सेंटर से कुछ दूरी पर ही बवाल मचाने वाले हैं। एक प्रोटेस्ट मार्च और फिर पब्लिक मीटिंग।

मैं भी बेला सेंटर की बोरिंग बातचीत को छोड़ उधर ही निकल पड़ा। पैदल, रास्ते की इमारतों को ताकते हुए। रास्ते में कई जगह प्रोटेस्ट मार्च होता हुआ नज़र आया। ख़ैर कुछ दूर चलने के बाद एक चौराहे पर बने मंच पर हरजीत नज़र आ गये। उनका भाषण चल रहा था। विकसित देशों की नीतियों के ख़िलाफ़। साथ में फ़िल्म अभिनेता राहुल बोस भी थे। तब वह उतने गंजे नहीं थे जितने अब हैं। अमेरिका और ओबामा के ख़िलाफ़ नारेबाज़ी हो रही थी। वहाँ आये एक्टिविस्टों का मानना था कि समुद्र द्वीपीय देश अगर डूब रहे हैं तो इसकी वजह अमेरिका, कनाडा और यूरोप के देश हैं। हरजीत का कहना था कि इन देशों को अपनी ज़िम्मेदारी समझनी चाहिए। ग़रीब देशों के नुक़सान की भरपाई करनी चाहिए। नुक़सान से मतलब एक्सट्रीम वेदर कंडीशन से था। बेमौसम की बाढ़, सूखा और ज़रूरत से ज़्यादा ठंड व गर्मी दुनिया भर में लोगों की रोज़ी-रोटी बरबाद कर रही थी। उसका कारण है ग्लोबल वार्मिंग और यह सब विकसित देशों के अन्धाधुन्ध विकास की वजह से।

ख़ैर कुछ एनजीओ वालों के साथ रहा। उनके ग़ुस्से और भाषणों ने मुझे क्लाइमेट पॉलिटिक्स को क़रीब से समझने का मौक़ा दिया। प्रदर्शनकारियों ने विकसित देशों के नेताओं के मुखौटे लगाये हुए थे। ज़्यादातर के चेहरे पर ओबामा के मुखौटे थे। विदेशों में प्रोटेस्ट के तौर-तरीक़े पर बड़े सधे हुए थे। लोग एक हद तक ही उग्रता दिखा रहे थे। इसके बावजूद पुलिस पूरी तरह से मुस्तैद थी। मुझे इन मुखौटों से भी ज़्यादा आकर्षित किया बर्फ़ की बनी जलपरी की एक मूर्ति ने। तब तक मुझे कोपेनहेगन के सबसे ख़ास टूरिस्ट प्लेस लिटिल मरमेड के बारे में नहीं पता था।

बर्फ़ की मूर्ति कोपेनहेगन में ही सम्भव थी। यक़ीनन तराशने वाले ने बहुत ख़ूब बनाया था। पर इसमें वहाँ के माइनस डिग्री तापमान का रोल भी कम नहीं था। मैंने उन सबके फ़ोटो लिए। हरजीत और राहुल बोस के भी। वहाँ अपना था ही कौन। हरजीत को छापने में एक स्वार्थ यह भी था कि कोई भी ख़बर समझनी हो तो वह हमारे ख़ास सूत्र भी थे। लिहाज़ा सोर्स का ख़याल तो रखना ही था। हरजीत ने मुझे लिटिल मरमेड के बारे में बताया। सलाह दी कि जब मौक़ा मिले, देखने ज़रूर जाना। मैंने कहीं पढ़ा था कि मशहूर साहित्यकार निर्मल वर्मा ने अपनी कई कहानियाँ कोपेनहेगन के शान्त वातावरण में लिखी थीं। उनमें भी कहीं लिटिल मरमेड का ज़िक्र था पर मेरी अपनी आदत है। मुझे पुराना लिखा हुआ पढ़कर लिखने में हमेशा रिस्क महसूस होता है कि कहीं पढ़े हुए का असर मेरे लिखने में न आ जाये। लिहाज़ा मैंने वर्मा जी ने क्या लिखा था, ज़्यादा नहीं पढ़ा। अलबत्ता अगले दिन दोपहर लिटिल मरमेड देखने का कार्यक्रम ज़रूर बना लिया। होटल के रिसेप्शन पर आकर वहाँ खड़ी लड़की से पूरी जानकारी ली। उसने बताया कि आपको सेंट्रल मेट्रो स्टेशन से ऑस्टरपोर्ट मेट्रो स्टेशन के लिए ट्रेन लेनी होगी। अगले दिन सुबह 11 बजे के क़रीब मैं निकल पड़ा। उस दिन भी भयंकर ठंड थी। चारों तरफ़ बर्फ़ पड़ी हुई थी। तापमान रहा होगा माइनस चार के क़रीब। बीच-बीच में बर्फ़बारी हो रही थी। मैं ट्रेन पर बैठ गया। खिड़की से कोपेनहेगन शहर की शानदार इमारतें नज़र आ रही थीं। पेड़ों से पत्ते झड़ चुके थे। इसके बावजूद सूखे पेड़ों की ओर से इमारतें ख़ूबसूरत लग रही थीं। ज़्यादातर की छतें ढलवा थीं। शायद इसलिए कि बर्फ़ नीचे की ओर सरककर चली जाये। ख़ैर सात मिनट के बाद ऑस्टरपोर्ट आ गया। मैं ट्रेन से उतरा और एक फ्लाईओवर की ओर चल दिया। ट्रेन आगे बढ़ गयी। पटरी के दोनों तरफ़ बर्फ़ जमी हुई थी। मुझे नहीं पता था कि वहाँ से किधर जाना है, लेकिन यह तो तय था कि जिस प्लेटफ़ॉर्म पर खड़ा हूँ, वह बीच वाला है। लिहाज़ा पुल पर तो जाना ही होगा। पुल पर ऊपर चढ़ते ही मुझे एक ख़ूबसूरत लड़की नज़र आयी।

तब तक लिटिल मरमेड की मूर्ति तो देखी नहीं थी पर मुझे पक्का यक़ीन था कि यह लड़की भी उस जलपरी से कम ख़ूबसूरत नहीं। सुन्दरता का ज़िक्र इसलिए ज़रूरी है कि कोपेनहेगन के लड़के हों या लड़कियाँ, वाकई बेहद ख़ूबसूरत होती हैं। साथ में ख़ुशमिज़ाज और मददगार भी।

अब वहाँ कोई और तो था नहीं, जिससे मैं पूछता कि लिटिल मरमेड देखने के लिए मुझे किधर जाना होगा। मैंने अपनी टूटी-फूटी एक्सक्यूज मी टाइप इंग्लिश से काम चलाते हुए उससे पूछा कि लिटिल मरमेड के लिए किधर जाना होगा। पहले तो उसने मुझे दायें-बायें के इशारों से समझाने की कोशिश की। जब उसे मेरे अल्पज्ञानी होने का पक्का भरोसा हो गया तो उसने कहा—चलिए मैं आपको ख़ुद छोड़ आती हूँ। अभी तक मैं जिसे जलपरी समझ रहा था, अब वह मुझे देवी समान नज़र आने लगी। कुछ दूर तक वह मुझसे बात करते हुए चलती रही, फिर एक तरफ़ इशारा करते हुए कहा कि अब आप सीधे चले जाइए। मुझे लग गया कि विदा होने का वक़्त आ गया। तब तक एक अफ्रीकन शख़्स मुझे नज़र आया। उसे देखकर याद आया कि यह तो रजिस्ट्रेशन के वक़्त मेरे ठीक पीछे खड़ा था। उसने भी मुझे पहचान लिया। मैंने हेलो करके आग्रह किया कि मेरे साथ जो लिटिल मरमेड है, उसके साथ मेरी एक फ़ोटो ले ले। मेरे आग्रह को भाई ने सहर्ष स्वीकार कर लिया और एक ख़ूबसूरत सी फ़ोटो ली। हम दोनों एक-दूसरे के कन्धे पर हाथ रखे हुए। पाँच मिनट में ही हम दोस्त हो चुके थे पर बिना एक-दूसरे का नाम पूछे अब विदा हो रहे थे। स्टेशन वाली परी विदा हुई तो मैंने अफ्रीकी भाई को पकड़ लिया। वह भी लिटिल मरमेड देखने आया था। शानदार ब्लैक सूट पहने था। उसके यूएन कार्ड पर लिखा था पार्टी। पार्टी मतलब अंतर्राष्ट्रीय सरकारी प्रतिनिधि होता है। मैंने परिचय पूछा तो उसने बताया कि वह जाम्बिया का पर्यावरण मन्त्री है। मैंने भी उसे कोई ख़ास भाव नहीं दिया क्योंकि पिछली यात्रा में बिल क्लिंटन के साथ ठीक-ठाक वक़्त बिताने के बाद किसी के मन्त्री या स्टार होने से मेरे ऊपर फ़र्क़ पड़ना बन्द हो चुका था। मैंने उसे धन्यवाद दिया और लिटिल मरमेड को निहारने लगा। बन्दरगाह टाइप जगह है यह। किनारे के पानी में चार फ़ीट से कुछ ऊँची यह मूर्ति ख़ूबसूरत थी। साइड में मुड़कर देखती हुई। पर मुझे कोई इतना बड़ा आकर्षण नहीं लगा कि मैं अविभूत हो जाऊँ। हेन्स क्रिस्टिन एंडससन की परिकल्पना पर आधारित एक कहानी को मूर्त रूप दिया था एडवर्ड इरिक्सन ने। 1913 में बनी इस मूर्ति की बाद में कई रिप्लिका भी बनीं। उनमें से एक बैंकुवर में है। हालाँकि सच कहूँ तो मुझे इस एक पत्थर पर

जड़ी काँसे की इस प्रतिमा से ज़्यादा सुन्दर वहाँ से कुछ दूर लगी एक विशालकाय परी की मूर्ति लगी जिसके शरीर पर एक भी कपड़ा नहीं था। मुझे नहीं पता कि वह किसकी मूर्ति थी पर परी इसलिए बोल दिया क्योंकि मुझे वहाँ ज़्यादातर महिलाएँ परियों-सी सुन्दर ही नज़र आती थीं। शायद इसलिए कि हमारी पाठ्य-पुस्तकों में जो परियों के चित्र होते थे, उनमें भारतीय महिलाओं का अक्स होता ही नहीं था। चित्रकार भी शायद यूरोप की गोरियों से प्रभावित थे, यूरोप में भी शायद डेनमार्क की लड़कियों से।

ओबामा की पॉलिटिक्स, पाकिस्तानी खाना और मैक्सिको की तैयारी

कोपेनहेगन में माइनस डिग्री ठंड थी। दूसरी तरफ़ बेला सेंटर में लगे यूनाइटेड नेशन के तम्बू में क्लाइमेट पॉलिटिक्स की गर्मी लगातार बढ़ती जा रही थी। ओएसिस देश यानी आईलैंड मुल्कों के समूह वाले बहुत चीख चिल्ला रहे थे। ख़ासतौर पर मालदीव के नेता। उनकी फ़िक्र जायज़ थी। जिस तरह से समुद्र के किनारे इंच-दर-इंच ज़मीन निगल रहे थे, उन्हें यह डर था कि कुछ सालों बाद उनका मुल्क डूब जायेगा। सिर्फ़ मालदीव ही नहीं। प्रशान्त महासागर में आने वाले कई द्वीप देशों की ऐसी ही फ़िक्र थी। जी-77 प्लस चीन का समूह उनकी बातों को आगे बढ़ाने का सहारा था। भारत भी इसी समूह का हिस्सा है। पर यहाँ एक दूसरी सियासत भी चल रही थी। वह थी बेसिक समूह की अपनी पर्यावरण राजनीति। इनमें भारत, चीन, दक्षिण अफ्रीका और ब्राजील शामिल थे। अमेरिका की नज़र भी बेसिक समूहों की मीटिंगों पर थी। हद तो एक दिन तब हुई जब बेसिक देशों के बड़े नेता अपनी मीटिंग कर रहे थे और अमेरिकी राष्ट्रपति ओबामा उस बैठक में बिन बुलाये पहुँच गये।

इसे लेकर भारतीय पत्रकारों के बीच काफ़ी हल्ला था। आख़िर हुआ क्या था, मुझे कुछ ज़्यादा समझ नहीं आ रहा था। स्थायी तौर पर पर्यावरण बीट कवर करने वाले दिल्ली के पत्रकारों के कानों में लगातार हेडफ़ोन ठूँसे हुए थे। किसी मीटिंग में कौन क्या बोला, सब पर बहस हो रही थी। सभी प्रधानमन्त्री के विशेष दूत श्याम सरन को पकड़ने की जुगत में लगे रहते थे। वह अगर दो लाइनें भी बोल दें तो ख़बर बन जाती थी। भारत सरकार के पर्यावरण सचिव भी काफ़ी डिमांड में थे। मुझे ज़्यादातर पता ही नहीं रहता था कि कहाँ क्या हो रहा है लेकिन मेरी नज़र बीट रिपोर्टरों पर लगातार रहती थी। वह जिधर जाते, मैं पीछे लग लेता और मेरा काम बन जाता। कई बार ऐसा हुआ कि मेरी रिपोर्ट इंग्लिश अख़बारों की ख़बरों से ज़्यादा बेहतर बनी। विषय पर मेरी कम जानकारी कई बार सही एंगल पकड़ने और अच्छी भाषा से ढक जाती।

आख़िर यह मेरी पहली इंटरनैशनल क्लाइमेट समिट थी। मैं कभी भी पर्यावरण बीट का स्थायी रिपोर्टर नहीं था और उस वक़्त मैं क्राइम रिपोर्ट करता था। इसके बावजूद समिट ख़त्म होते-होते मुझे काफ़ी कुछ समझ आने लगा था। क्लाइमेट समिट भी, उसे कवर करने वाले इलेक्ट्रॉनिक मीडिया के पत्रकारों के तौर-तरीक़े भी। इस समय देश के सबसे बड़े चैनलों को हेड करने वाले सम्पादक भी उस वक़्त मेरे साथ रिपोर्टिंग कर रहे थे। उस समूह में काम करने के दौरान काफ़ी कुछ सीखने को मिल रहा था। सिर्फ़ उनके अच्छे काम से नहीं। बल्कि उनकी ग़लतियों से भी। मिसाल के तौर पर एक बड़े चैनल की ब्यूरो चीफ़ ने कॉन्फ्रेंस ख़त्म होने से एक दिन पहले ख़बर चला दी कि प्रधानमन्त्री मनमोहन सिंह ने संयुक्त मीटिंग का बहिष्कार कर दिया। वह बीच से उठकर चले गये। बाद में पता चला कि उन्हें नेचुरल कॉल के लिए वॉशरूम जाना था। यह बड़ी ही हास्यास्पद ख़बर थी। मनमोहन सिंह कुछ मिनटों के लिए ही गये थे। ख़बर ब्रेक होते ही भारतीय पत्रकार समूह में हाहाकार मच गया। दूसरे प्रतिद्वन्द्वी चैनलों के रिपोर्टर और बॉस भी प्रधानमन्त्री की मौजूदगी के नाते वहाँ थे। उन्हें पब्लिकली डाँट पड़ने लगी कि तुम क्या घास छील रहे थे। ख़ैर जब यह पता चला कि ख़बर ग़लत है तो रिपोर्टर का ग़ुस्से से लाल चेहरा देखने लायक था।

वैसे अभी दूसरी बड़ी ब्लंडर बाक़ी थी। उसी ब्यूरो चीफ़ ने फिर एक ग़लती की। यह ख़बर चलाकर कि ओबामा के दबाव में भारत वापस जा रहे मनमोहन सिंह को हवाई जहाज़ में बैठ जाने के बाद वापस बुलाया गया। यह ख़बर भी ग़लत साबित हुई। आख़िरी दिन यानी 18 दिसम्बर 2009 को कॉन्फ्रेंस एक दिन के लिए बढ़ा देने का ऐलान हुआ। शाम का वक़्त था। सभी को तेज़ भूख लगी थी। कॉन्फ्रेंस चल रही थी पर डिनर के लिए ब्रेक लिया गया। किसी का भी मन नहीं था कि ठंडा यूरोपियन खाना खाया जाये। संजय वशिष्ठ ने सभी पत्रकारों को एक पाकिस्तानी रेस्टोरेंट का पता बताया। उसके खाने की काफ़ी तारीफ थी। हम सब कोपेनहेगन सेंट्रल के उस रेस्त्राँ में पहुँचे तो उसके मालिक ने हम लोगों का बड़ी गर्मजोशी से स्वागत किया। वह शायद लाहौर का था। थोड़ी पंजाबी मिक्स उर्दू बिल्कुल अपनी ज़ुबाँ लग रही थी। वैसे यह मेरा अब तक का तजुर्बा है कि मैं दुनिया में जहाँ भी पाकिस्तानियों से मिला, उन्होंने बेपनाह मोहब्बत दिखायी। ख़ासतौर पर विदेशों में पाकिस्तानियों से मिलना हमेशा अच्छा लगता है। वह हमारे जैसे हैं, हमारी भाषा बोलते हैं और हमें ठीक से समझते हैं। उस दिन हम लोगों ने सबसे बेहतरीन खाना खाया। ज़्यादातर वेजिटेरियन था। दाल मखनी, शाही पनीर, तन्दूरी रोटियाँ और क़बाब बिरयानी।

एक-दो सब्जियाँ तो लाहौर वाले भाई ने बिना पेमेंट अपनी तरफ़ से दीं। चावल बेहतरीन बासमती था और रोटियाँ भी कड़क करारी। सबने थोड़ा ज़्यादा ही खाया। हमें वापस जाना था, फिर काम पर लगना था। खाना खाकर हम वापस बेला सेंटर पहुँचे तो मामला विकसित और विकासशील देशों के बीच फँसा हुआ था। किसी नतीजे के कोई आसार नहीं थे। मैंने उस वक़्त तक के डेवलपमेंट की रिपोर्ट फ़ाइल की। सिद्धार्थ को राजी किया कि अब सुबह तक कुछ नया नहीं होना। होटल निकल लेना चाहिए। काफ़ी पत्रकार कानों में हेडफ़ोन लगाये कुर्सियों पर लुढ़के हुए थे। उन्हें नींद भी आ रही थी और ख़बर भी पकड़नी थी। मेरी डेड लाइन निकल चुकी थी लिहाज़ा अपन लोग तो वापस अपने होटल पहुँच गये। बढ़िया खाना खाने की वजह से तेज़ नींद आ रही थी। फिर सुबह जल्दी उठकर वापस मीडिया हॉल में पहुँचना था। लिहाज़ा तुरन्त सो गये। बाहर बर्फ़ गिर रही थी। मुझे पता था कि सड़क पर अभी जो गाड़ियाँ खड़ी हैं, उन पर और पेड़ों की पत्तियों पर सुबह तक सफ़ेद बर्फ़ की परत बिछी होगी। सुबह के बारे में जो सोचा था, आँख खुलने पर वैसा ही पाया। मैंने अपने सामान की पैकिंग शुरू की। अगली दिन की दोपहर हमारी वापसी थी। बैग उठाया और कवरेज के लिए बेला सेंटर पहुँच गये। शाम तक काफ़ी रस्साकशी के बाद विकासशील देशों को हमेशा की तरह नाकामयाब होना पड़ा। भारत की जो आशंका थी, वह सही साबित हुई। दुनिया का तापमान दो डिग्री से ज़्यादा न बढ़ने देने के लिए कोई क़ानूनी रूप से बाध्यकारी समझौता नहीं हो पाया। सिर्फ़ एक राजनीतिक समझौता हुआ जिसमें सभी ने वादे किये कि वह कार्बन कटौती करेंगे। इसे कोपेनहेगन एकार्ड का नाम दिया गया। कॉन्फ्रेंस की शुरुआती बैठकों में विकसित देशों ने क़ानूनी समझौते की मंशा जतायी थी। ऐन मौके पर वह पीछे हट गये। सौ मिलियन डॉलर के एक ग्रीन क्लाइमेट फंड की घोषणा हुई। जिसमें दस मिलियन डॉलर तत्काल दिये जाने थे। इन पैसों से जोखिम वाले देशों की तकनीकी और आर्थिक मदद की जानी थी। ख़ैर हम सब अपनी रिपोर्ट फ़ाइल कर चुके थे। आख़िरी शाम में हम सब पार्टी के मूड में थे। कोपेनहेगन सेंट्रल के एक बेहतरीन पब में हमारी शाम बीती। इस जगह के बारे में किसी ने बताया कि यह दुनिया की सबसे महँगी जगहों में से एक है। रियल स्टेट के हिसाब से। ख़ैर गाने हुए, शायरी हुई, बाहर गिरती हुई बर्फ़ में खड़े होकर वहीं बनी बीयर पी गयी। यह मेरी पहली क्लाइमेट कॉन्फ्रेंस थी। मेरी सोच का दायरा धीरे-धीरे बड़ा हो रहा था। अब मैं लखनऊ में यूपी का क्राइम कवर करने वाला रिपोर्टर भर नहीं था। अब मेरी चिन्ताएँ इस बात को लेकर भी थीं कि आख़िर

मालदीव को बचाने के लिए अमेरिका और यूरोप अपने डेवलपमेंट की रफ़्तार पर ब्रेक क्यों नहीं लगा रहे। चीन आख़िर अपने कार्बन उत्सर्जन पर नियन्त्रण क्यों नहीं कर रहा। इन सवालों में उलझने में अब मुझे मज़ा आ रहा था। अगले साल मैक्सिको के कैनकुन शहर में 16वीं कॉन्फ्रेंस होनी थी। इस बीच रिसॉर्ट को अमेरिका का गोवा भी कहते हैं। मुझे अब उसकी तैयारी करनी थी।

लैटिन अमेरिका वाया न्यूयॉर्क

सोलह घंटे अब इसी फ्लाइट में रहना था। दिल्ली से न्यूयॉर्क क़रीब बारह हज़ार किलोमीटर। सोलह घंटों के बाद क़रीब पाँच घंटे एयरपोर्ट पर रुकना था। फिर वहाँ से अमेरिकन एयरलाइंस की फ्लाइट से ढाई हज़ार किलोमीटर एक और उड़ान भरनी थी। कैनकुन के लिए। कैनकुन वैसे तो मैक्सिको में है। अमेरिका वालों के लिए इस बीच रिसॉर्ट की उपयोगिता ठीक वैसी ही है, जैसी भारत वालों के लिए बैंकाक की। मौज, मस्ती और पिकनिक के लिए अमेरिकी परिवार यहाँ ख़ूब जाते हैं। एयर इंडिया की एयर होस्टेज़ेज ने डिनर सर्व करना शुरू किया। देर रात की फ्लाइट थी। मैंने हमेशा की तरह व्हाइट वाइन और ड्राई फ्रूट्स के साथ शुरुआत की। साथ की सीट पर बैठे एनडीटीवी के सिद्धार्थ पाण्डेय ने एयर होस्टेस आंटी से वही फ़रमाइश की। तब तक एक बज चुका था। साथ के ज़्यादातर लोग सो चुके थे। कुछ सीट के सामने लगे टीवी में फ़िल्में भी देख रहे थे। मेरी आँखों में नींद नहीं थी। मैं यह सोच-सोचकर परेशान था कि क़रीब 26 घंटे के बाद हम कैनकुन पहुँचेंगे। इतनी लम्बी हवाई यात्रा में क्या हाल होने वाला था, यह सोच-सोचकर दम निकला जा रहा था। ख़ैर, नकारात्मकता से ध्यान हटाने के लिए थोड़ा फ्लैश बैक में चला गया। साल भर पहले की ही तो बात थी। तब मैं बतौर प्रिंसिपल कॉरस्पोन्डेंट हिन्दुस्तान अपनी पहली क्लाइमेट समिट को कवर करने कोपेनहेगन गया था। इस बार मैं दैनिक भास्कर अख़बार के एडिटर के तौर पर दूसरी बार इस यूएन समिट के कवरेज पर जा रहा था।

सच कहूँ तो कोपेनहेगन क्लाइमेट समिट का कवरेज मेरे लिए काफ़ी शुभ रहा। मेरी पहचान एक लोकल रिपोर्टर से कुछ ऊपर हो गयी। दिसम्बर 2009 में कवरेज करके मैं वापस आया था और जनवरी 2010 में ही मुझे दैनिक भास्कर अख़बार का ऑफर आ गया। इंटरव्यू आदि की प्रक्रिया में क़रीब दो महीने बीते और मार्च में मैंने राजस्थान के श्रीगंगानगर की ज़िम्मेदारी बतौर सम्पादक सँभाल ली।

लखनऊ के मुक़ाबले श्रीगंगानगर बेहद छोटी जगह थी। यूँ कहिए कि लखनऊ के गोमतीनगर या इन्दिरानगर के बराबर का शहर। हाँ ज़िले के तौर पर इसकी सीमा क़रीब तीन सौ किलोमीटर तक फैली हुई थी। चार किलोमीटर पर पंजाब था और बीस किलोमीटर पर पाकिस्तान। तापमान जाड़ों में जीरो से नीचे जाता था और तो गर्मियों में पचास से ऊपर। ख़ैर यहाँ तीन महीने ही बीते थे कि मुझे अन्दाज़ हो गया कि भास्कर प्रबन्धन इस संस्करण में उन्हीं सम्पादकों को लाता है जिन्हें या तो ठिकाने लगाना होता है, या फिर आगे बढ़ाना होता है। चूँकि मैं तो नया-नया सम्पादक था तो मुझे ठिकाने लगाने का तो कोई मतलब था नहीं। ज़ाहिर है, आगे ही बढ़ाया जाना था। इसी दौरान भास्कर अख़बार को रीलांच करने की तैयारी हुई। प्रबन्धन के शीर्षस्थ सुधीर अग्रवाल का यह महत्त्वाकांक्षी प्रोजेक्ट था। देश भर के पचास से ज़्यादा संस्करणों से क़रीब 24 लोग छाँटे गये थे। उनमें एक मैं भी था। इस प्रोजेक्ट पर काम करने के लिए एक महीने तक मुझे भोपाल रहना था। इसी दौरान कैनकुन क्लाइमेट समिट का आमन्त्रण आ गया। प्रबन्धन ने ख़ुशी-खुशी जाने की अनुमति दे दी। यह सिर्फ़ रिपोर्टर के लिए ही नहीं, बल्कि एक अख़बार के लिए भी सम्मान का विषय होता है कि उनकी टीम का सदस्य यूएन समिट कवर करे।

कैनकुन जाना यूरोप या कनाडा की यात्रा जैसा आसान नहीं था। मैक्सिको का वीज़ा मिलने में दिक़्क़त नहीं थी लेकिन वहाँ तक जाने के लिए अमेरिका में ट्रांजिट था। अमेरिकी वीज़ा के लिए काफ़ी पापड़ बेलने पड़ते हैं। वैसे मेरे मामले में यह पापड़ बेलना सिर्फ़ फॉर्म भरने तक ही सीमित था। बाद में कोई दिक़्क़त नहीं हुई। अमेरिकी वीज़ा के लिए जो ऑनलाइन फॉर्म भरना था, उसमें काफ़ी ध्यान रखना होता है। सैकड़ों सवाल होते हैं। एक ही सवाल कई बार घुमा के पूछ लिया जाता है। माता जी पिता जी का बर्थ डे तक। कुछ ग़लत नहीं होना चाहिए। ख़ैर वह तो भला हो, उस वक़्त के जयपुर के प्रोडक्ट मैनेजर गगन शर्मा और भोपाल के सचिन सक्सेना का। दोनों ने मिलकर मेरा ऑनलाइन फॉर्म सही से भरवा दिया। जवाबी मेल से दिल्ली के अमेरिकी दूतावास में इंटरव्यू की डेट मिल गयी। मैं भोपाल से श्रीगंगानगर वापस गया। फिर तीन-चार दिन बाद तय तारीख़ को इंटरव्यू देने पहुँच गया। मुझे बताया गया था कि घंटों लग जाते हैं। पर मेरा नम्बर 11 बजे ही आ गया। केबिन में बैठे अमेरिकी ने घूर-घूरकर मुझसे पूछा क्यों जा रहे हो, क्या काम है। मैंने साफ़ बताया कि कॉन्फ्रेंस में जा रहा हूँ। फॉर्म में उसका ज़िक्र किया है। उसने पासपोर्ट माँगा और मुस्कराते हुए पाँच साल तक के लिए अमेरिकी वीज़ा का ठप्पा

जड़ दिया। पासपोर्ट तुरन्त नहीं मिला। उसने कहा कि आपके घर चार दिन में पहुँच जायेगा। अब मेरी मुसीबत हो गयी। मुझे तो लखनऊ जाना नहीं था। पासपोर्ट में पता तो वहाँ का था। ख़ैर कुछ इन्तज़ाम किया कि लखनऊ से पासपोर्ट मुझे उस दिन दिल्ली में ही मिल जाये जिस तारीख़ को मेरी फ्लाइट थी। सब कुछ ठीक-ठाक हो गया। मुझे मेरा पासपोर्ट मेरे एक मित्र ने कनॉट प्लेस में लाकर दे दिया। यह सब याद करते-करते मैं कब सो गया, पता ही नहीं चला।

क़रीब पाँच घंटे बाद जब अचानक फ्लाइट की लाइट्स जलने से आँख खुली तो पता चला कि सुबह के आठ बज चुके हैं। पर बाहर अब भी अँधेरा था। शायद हम यूरोप के ऊपर कहीं उड़ रहे होंगे। अब टाइम ज़ोन बदल रहे थे। बैठे-बैठे पाँव अकड़ चुके थे। मैंने पूरी फ्लाइट के चार चक्कर पैदल घूम-घूमकर काटे। मेरा इरादा तो क़रीब आधे घंटे तक ऐसे ही घूमने का था लेकिन मौसम ख़राब होने की वजह से सीट पर बैठा दिया गया। सीट बेल्ट भी बाँध ली। कुछ देर में नाश्ता सर्व होने लगा। मैं तय करके बैठा था कि ज़्यादा कुछ नहीं खाऊँगा। मैं जब फ्लाइट में बैठा था तो वॉशरूम में फ्रैश होकर आया था। इरादा यही था कि कम-से-कम दीर्घशंका के लिए फ्लाइट के टॉयलेट में न जाना पड़े। उसके लिए यह ज़रूरी था कि खाने पर काबू रखा जाये। लिहाज़ा मैंने खाना खाने के बजाय बग़ल में बैठे सिद्धार्थ का पूरी यात्रा के दौरान जमकर दिमाग़ खाया। यहाँ मैं यह बताना ज़रूरी समझूँगा कि सिद्धार्थ के साथ मैंने चार क्लाइमेट समिट कवर कीं। संगत का दुष्प्रभाव यह था कि मैंने बाहर जाकर कभी कुछ नहीं सीखा। सिद्धार्थ की मौजूदगी में मैं पूरी तरह से उसी के आश्रित रहता। कहीं जाना हो, टैक्सी बुक करनी हो, इंटरनैशनल सिम लेनी हो, करेंसी बदलवानी हो या और कुछ भी। हर काम सिद्धार्थ की मदद से आसानी से हो जाता। तो बातचीत करते, खाते-पीते, सोते-जागते और फ़िल्म देखते हुए आख़िरकार 16 घंटे का रास्ता कट ही गया। हम न्यूयॉर्क शहर के ऊपर थे। पूरी कोशिश थी कि स्टेच्यू ऑफ लिबर्टी दिख जाये पर दिखी नहीं। हाँ, वहाँ के स्काई स्क्रैपर्स यानी गगनचुम्बी इमारतें, हडसन नदी, उस पर बने पुल और न्यूयॉर्क के भूगोल का कुछ हिस्सा ज़रूर देखा। हमारी फ्लाइट जान एफ कैनेडी एयरपोर्ट पर लैंड की। यह अमेरिका का छठा सबसे बड़ा एयरपोर्ट है। हम यूँ भी कह सकते हैं कि न्यूयॉर्क अमेरिका का गेट वे है। बाहर काफ़ी ठंडा था। शायद बर्फ़ भी गिर रही थी। अब हमें इमीग्रेशन पार करना था। काफ़ी लम्बी लाइन थी। मैंने अपना बैग सिद्धार्थ के हवाले किया। उसने आश्चर्य से पूछा कहाँ, मैंने जवाब दिया कि न्यूयॉर्क रुकना तो है नहीं

कम-से-कम यहाँ के वाशरूम का सही इस्तेमाल तो कर लें। जवाब में सब लोग हँसने लगे। मैं दौड़कर गया, फ्रेश हुआ तो मन काफ़ी हल्का हो चुका था। ठीक समय पर मैं लाइन में वापस था। मुझसे पहले सिद्धार्थ का नम्बर था। उसके पासपोर्ट का एक हिस्सा कुछ फटा हुआ था। उसे इंट्रोगेशन के लिए रोक लिया गया। मैं पहुँचा तो मेरा इमीग्रेशन फॉर्म देखकर मुझे भी वापस कर दिया। उसने कहा कि पूरा फॉर्म भरिए। मुझे समझ ही नहीं आया कि क्या छूट गया। उसने बताया भी नहीं। बाद में पता चला कि डेस्टिनेशन नहीं भरा था। दोबारा भरा, फिर आँखों के और हथेलियों के निशान लिए गये और इमीग्रेशन का ठप्पा लग गया। सिद्धार्थ को इंट्रोगेशन रूम में पूछताछ के बाद छोड़ दिया गया। पता चला कि कई मौलाना इंट्रोगेशन रूम में खामखाँ बैठाये गये थे। कई घंटों बाद उन्हें भी सिद्धार्थ के साथ छोड़ा गया। ख़ैर इमीग्रेशन पूरा करने के बाद हमें अगली फ्लाइट के लिए टर्मिनल तीन पर जाना था। एयरपोर्ट पर मेट्रोनुमा शटल से हम तीसरे टर्मिनल पर पहुँचे। तब तक सभी को काफ़ी भूख लग चुकी थी। हम क़रीब दस-बारह लोग थे। एक विशालकाय पिज्जा लिया गया। वह इतना बड़ा था कि उसके एक-एक टुकड़े से ही सबका पेट भर गया। इस बीच दो घंटे बीत चुके थे। दो घंटे बाद हम अमेरिकन एयरलाइंस की फ्लाइट में थे। मेरे बग़ल में आइसलैंड का एक गोरा बैठा था। बातचीत करने के मामले में वह अपने देश के नाम की ही तरह ठंडा निकला। चुनांचे मैं भी सो गया। चार घंटे बाद अचानक तालियों की आवाज़ से मेरी नींद खुली। हम लैंड कर चुके थे। अच्छी लैन्डिंग पर लोग ताली बजाकर पायलट और क्रू मेंबर्स का उत्साह बढ़ाते हैं। वैसे उनके उत्साह का तो पता नहीं पर मेरा उत्साह बाहर की हरियाली देखकर काफ़ी बढ़ा हुआ था। कैनकुन इंटरनैशनल एयरपोर्ट कोई ख़ास नहीं था। हाँ, बाहर निकलकर मज़ा आ गया। बाहर कैलिप्सो की धुन पर स्थानीय निवासी बैंड बजाकर हमारे स्वागत के लिए था। कैरेबियन समुद्र के तट से सटा यह बेहद ख़ूबसूरत इलाक़ा था। हल्की फुहार में भीगी तेज़ हवा ने हमारी सारी थकान दो मिनट में ही उतार दी। मेरे लिए लैटिन अमेरिका आने का यह पहला अवसर था। बाहर का मौसम देखकर ही हमें अन्दाज़ हो गया कि अगले दस दिन कैनकुन में बेहद ख़ूबसूरत बीतने वाले हैं।

ड्रग माफिया वार और ख़ूबसूरत कैनकुन

दिसम्बर 2010

कैनकुन इंटरनैशनल एयरपोर्ट पर टैक्सी में बैठते ही ड्राइवर बोला—ओला। पहले तो मैंने समझा ओला। बाद में पता चला कि इंग्लिश के हेलो को स्पेनिश में ओला कहते हैं। मतलब एक ही होता है, अपने यहाँ के नमस्ते जैसा। मैंने भी जवाब में गर्दन झुका कर ओला बोल दिया। हमारे होटल का नाम था होटल लिव इन कैनकुन। क़रीब बाईस किलोमीटर की दूरी थी एयरपोर्ट से। पच्चीस मिनट का रास्ता था। बेहद ख़ूबसूरत और हरा-भरा। सच कहूँ तो इतना सुहाना मौसम बहुत कम जगहों पर महसूस हुआ। कैनकुन समुद्र के बीच में खींची हुई एक मोटी लकीर साथ है। एक तरफ़ कैरेबियन सागर। दूसरी तरफ़ मैक्सिको की खाड़ी। यहाँ से सबसे पास के देशों में क्यूबा, हांडूरस, ग्वाटेमाला, वेस्ट इंडीज के द्वीपीय देश और लैटिन अमेरिकी देश हैं। कैनकुन से न्यूयॉर्क की सड़क से दूरी पाँच हज़ार किलोमीटर से भी ज़्यादा है, जबकि हवाई दूरी तक़रीबन इसकी आधी।

रास्ते में मैं कई जगह सेना और टैंकों की तैनाती को देखकर चौंका। बड़ी-बड़ी मशीनगनों के साथ पूरी तरह से लैस कमांडो कई जगह नज़र आ रहे थे। ड्राइवर और एक लोकल गाइड से बातचीत में पता चला कि ऐसा हाल ज़्यादातर लैटिन अमेरिकी देशों में रहता है। यहाँ ड्रग्स का बहुत बड़ा कारोबार है। एक तरह की समानान्तर अर्थ व्यवस्था चलती है नशीले कारोबार से। इसके इतने बड़े-बड़े माफिया हैं यहाँ कि कई बार वह सरकारों से बाकायदा टकराते हैं। युद्ध की स्थिति रहती है। कैनकुन में 2006 से ही ड्रग माफिया के ख़िलाफ़ अभियान चल रहा था। सैकड़ों लोग मारे जा चुके थे। यह पता चलते ही मेरे दिमाग़ से कुछ देर के लिए वहाँ का ख़ूबसूरत मौसम, शानदार बीच और क्लाइमेट समिट दिमाग़ से निकल गयी। मन में सोचने लगा कि इनकी ड्रग वार में कहीं हम लोग गेहूँ में घुन की तरह न पिस जायें। गाइड ने भरोसा दिलाया कि आप लोग इत्मिनान रखें कि टूरिस्टों को कोई ख़तरा नहीं होता।

सरकार और ड्रग माफिया दोनों के हित पर्यटकों के साथ जुड़े हैं। कैनकुन के टूरिस्म का धन्धा सालाना बारह बिलियन डॉलर का है। उसे कोई नुक़सान नहीं पहुँचाना चाहता। यह जानकर बड़ी तसल्ली हुई। मन में ख़्याल आया कि अपने कश्मीर में भी यही होना चाहिए। लड़ाई भिड़ाई ठीक है पर धन्धा चलता रहना चाहिए। मैंने फिर सवाल किया कि इधर यह धन्धा इतना क्यों है।

पता यह चला लैटिन अमेरिकी देशों में कोकीन बनाने वाला कच्चा माल कोका बहुतायत से होता है। यूरोपियन देशों के राज के समय से कोकीन, अफ़ीम, हेरोइन और गाँजा यहाँ से उधर जाता रहा है। चीन तक में यहाँ से नशा जाता है। सबसे बड़ा ग्राहक तो अमेरिका है। अमेरिका के साथ मैक्सिको की साढ़े तीन हज़ार किलोमीटर लम्बी ज़मीनी सीमा है। कैनकुन के आसपास के इलाक़ों में समुद्र के रास्ते दूसरे देशों से माल आता है। फिर इधर से अमेरिका और यूरोप रवाना हो जाता है। यह बहुत आर्गनाइज्ड ढंग से होता आया है। हॉलीवुड की कई फ़िल्मों में काने ड्रग माफिया देखे ही होंगे जो एक आँख पर पट्टी बाँधे रहते हैं। वह सब इधर के असली कैरेक्टर हैं। एक सवाल और था मेरे मन में। मैक्सिको उत्तरी अमेरिका महाद्वीप में आता है। अमेरिका से सटा है। फिर भी इसे लैटिन अमेरिका या दक्षिण अमेरिकी मुल्कों के साथ क्यों गिना जाता है। या फिर इसे लैटिन अमेरिका क्यों कहते हैं। हमारे गाइड ने बताया कि यहाँ पन्द्रहवीं शताब्दी के क़रीब से स्पेन और पुर्तगाल के लोगों ने क़ब्ज़ा करना शुरू किया। लैटिन रोम की भाषा है। स्पेनिश, फ्रेंच, पुर्तगाली और इटैलियन भाषाओं के मूल में लैटिन है। लिहाज़ा इन देशों के लोगों ने जिन देशों पर अपना क़ब्ज़ा करके अपने उपनिवेश बनाये, उन्हें लैटिन अमेरिकी कहा जाने लगा। सोलहवीं शताब्दी के आसपास स्पेन ने मैक्सिको पर क़ब्ज़ा कर लिया था। उस दौरान लैटिन अमेरिकी देशों में आजकल के कोरोना की तरह काफ़ी बीमारियाँ फैलीं। चेचक, हैजा और कई अन्य बीमारियाँ यूरोपियन लोग अपने साथ वहाँ लेकर गये थे। यहाँ के मूल निवासियों की इम्यूनिटी उन्हें बर्दाश्त करने लायक नहीं थी। लिहाज़ा हज़ारों-लाखों की तादाद में मूल निवासियों की बीमारियों से मौत हुई। फिर यूरोपीय लोगों को खेती बाड़ी के लिए मज़दूरों की ज़रूरत पड़ी तो अफ्रीकी लोग आये। इसी दौरान यूरोपीय पिता और मूल निवासी माँ की सन्तानों की एक नयी नस्ल सौ दो सौ साल में तैयार हुई। अभी जो लोग यहाँ रहते हैं, वह न मूल निवासी हैं और न यूरोपीय। उन दोनों के मिले-जुले गुणों वाले हैं।

ख़ैर पचीस मिनट का रास्ता कट चुका था। हम एक बेहद ख़ूबसूरत शहर के अन्दर दाख़िल हो चुके थे। सड़क के डिवाइडर और दोनों तरफ़ कुछ-कुछ दूरी पर

नारियल के छोटे-छोटे तराशे से पेड़ लगे थे। उनमें पके हुए नारियल लटक रहे थे। चाहें तो आप तोड़ सकते थे पर ऐसा कोई कर नहीं रहा था। अपनी तो आदत है कि नयी जगहों पर कोई ऐसा काम नहीं करते जिसके लिए कोई टोक दे। भारत में लोग भले ही चिप्स खाकर रैपर कहीं भी फेंक देते हों पर विदेश में ऐसा नहीं करते। मैं ख़ुद टॉफी के रैपर जेब में रखता था। फिर डस्टबिन देखकर उसमें डालता। संस्कृति मानव समूहों के व्यवहार से बनती है। किसी एक के नहीं। इसीलिए भारत में आते ही लोग यहाँ के मानव समूहों-सा व्यवहार करने लगते हैं। होटल लाइन इन कैनकुन आ चुका था। ख़ूबसूरत था। रिसेप्शन पर ग्रुप चेकइन होते ही हम सबकी कलाइयों में प्लास्टिक का एक बैंड पहना दिया गया। इस ताकीद के साथ यह खोये न। वैसे अगर उसके साथ किसी क़िस्म की ज़िद न की जाये तो वह निकलना भी नहीं था। यह बैंड वाकई बहुत महत्त्वपूर्ण था। बिना उसके आप होटल में दाख़िल ही नहीं हो सकते थे। इस होटल में सात अलग-अलग रेस्त्राँ थे। पाँच बार थे। तीन स्वीमिंग पूल थे। पूल के भीतर भी बार था। आप तैरते हुए या पानी में अठखेलियाँ करते हुए भी बीयर या अपना ड्रिंक पी सकते थे। एक बार होटल के प्राइवेट बीच पर था। जहाँ आमतौर पर सुबह दोपहर के अल्कोहलिक ड्रिंक मिलते थे। मेरा पसंदीदा था। पीनाकुलाडा जो नारियल के दूध में क्रश की हुई बर्फ़ और रम के साथ मिलता था। अब तक जितने होटलों में रुका हूँ, उनमें इस होटल से अच्छा पैकेज कहीं नहीं देखा। सौ डॉलर रोजाना में रहना, खाना और पीना सबकुछ। जिम व स्वीमिंग पूल अलग से। चाहें जितना खाओ और चाहें जितना पीओ।

इस बार मेरे रूम पार्टनर थे एनडीटीवी के सिद्धार्थ पाण्डेय। कोपेनहेगन से शुरू हुई दोस्ती अब परवान चढ़ने वाली थी। कोपेनहेगन का होटल केबिन के कमरे जितने छोटे और बेकार थे। यहाँ के उतने ही विशाल और सुविधाजनक। कमरे में ज़रूरत के हर सामान के अलावा ख़ूबसूरत पेंटिंग लगी हुई थीं जिनमें लोक संस्कृतियों को दर्शाया गया था। कमरे की बालकनी बीच की तरफ़ खुलती थी। सामने तेज़ शोर मचाता हुआ एकदम साफ़ नीला कैरेबियन सागर था। लहरों का शोर वहाँ की नीरवता को बार-बार भंग करता था। अगले छह दिन और छह रातों में हमें इसकी आदत हो गयी थी। कमरे में आकर हम लोग फ्रेश हुए। नहाये और फिर तैयार होकर डिनर के लिए निकले। कुछ देर अलग-अलग रेस्टोरेंट को देखा। तब तक हमारे और साथी भी आ गये। उनमें सुपर्णो, चन्द्रभूषण, बहार दत्त, राजू नायक, जयंतो, दिनेश कुमार और अरनब थे। इन सभी के साथ तब से बना हुआ साथ आज तक बना हुआ है। जब आपके पास ज़्यादा चॉइस या विकल्प हों तो बड़ा कनफ्यूजन होता है।

ख़ैर रिसॉर्ट एक रेस्त्राँ में रौनक देखकर हम सब उसी में घुस गये थे। डिनर, कॉकटेल और मैक्सिकन म्यूजिक़ सभी कुछ था वहाँ। 28 घंटे के सफ़र से थके हम सभी अब इस सुख को पूरी तरह से आत्मसात करना चाहते थे। लिहाज़ा ड्रिंक्स से शुरुआत हुई। खाने में क्या-क्या था, इस पर अभी ज़्यादा बात नहीं। मैक्सिकन फूड पर बात अगली कड़ी में होगी। कुछ यूँ समझिए कि बीफ और पोर्क बहुतायत से था। बचपन के संस्कारों का असर था कि नॉनवेज खाना शुरू करने के बावजूद कभी भी बीफ व पोर्क खाने का मन नहीं किया। यूँ कहिए कि विरक्ति हो जाती थी सोचकर ही। हालाँकि इसे आप कुछ यूँ भी कह सकते हैं कि गुड़ खायें और गुलगुलों से परहेज़। फिर भी अपना परहेज़ हमेशा बना रहा। शाकाहारियों के लिए विदेशों में यक़ीनन थोड़ी मुश्किल होती है जो कि यहाँ थोड़ी कम थी क्योंकि मैक्सिकन-इंडियन फूड में कुछ समानताएँ हैं। लिहाज़ा काम चल सकता है। काउ ब्वॉय जैसी हैट लगाये और हाथों में गिटार बजाते हुए वहाँ का लाइव बैंड हमारी डिनर टेबल को घेरकर ख़ासतौर पर हमारे लिए एक गाना पेश कर रहा था। चार लोग थे जो परफॉर्म कर रहे थे। गाना ख़त्म होते ही हम सबने तालियाँ बजाकर उनका उत्साह बढ़ाया। टिप देने का वहाँ कल्चर है। हमारे साथी पाण्डेय जी पहले से ही कैनकुन के बारे में काफ़ी अध्ययन करके गये थे। उन्होंने कुछ पीसो बतौर नजराने के दिये। हमने अपने पर्स को हमेशा की तरह दबाये रखा। ख़ैर कंजूस तो हम थे पर धीरे-धीरे कल्चर सीखने की आदत हमने भी डाली। उसके लिए पैसे तो ख़र्च करने ही पड़ते थे। टिप देनी ही चाहिए। यह बात हमने बाद में धीरे-धीरे सीखी।

सुनामी और फिर मैक्सिकन फ़ूड

डिनर बेहतरीन रहा। खाना खाने के बाद कुछ देर बीच पर गये। चाँदनी रोशनी में कैरेबियन सागर बेहद ख़ूबसूरत लग रहा था। यहाँ की बालू ऐसी कि जैसे चाँदी कूटकर बिछा दी गयी हो। आसमान में चाँद निकला हुआ था। भारत से पन्द्रह हज़ार किलोमीटर दूर घर की याद आ रही थी। चाँद को देखने लगा और फिर सोचा। यह चन्द्रमा लखनऊ से भी वैसा ही दिखता है, जैसा यहाँ से। फिर लगा कि कैसा जुड़ाव है। चाँद, लखनऊ और कैनकुन। आख़िर जुड़ तो हम अब भी रहे हैं। कोई वहाँ से चाँद देख रहा होगा और मैं यहाँ से। शायद यह रात्रिकालीन पेय का असर था कि मन गुलज़ार हुआ जा रहा था। सारे बिम्ब तो मौजूद थे। रात, चाँद, समुद्र का किनारा और प्रेमी ह्रदय। अब मिलकर कविताएँ बुन रहे थे। तब तक पाण्डेय जी का आदेश हुआ कि अब चला जाये। सुबह जल्दी उठकर कॉन्फ्रेंस में भी चलना है। रेत पर जो महल बन रहा था, वह अचानक एक तेज़ लहर से धुल गया। कुदरत ने भी इशारा कर दिया कि आप जायें, रात बहुत हो गयी है। सागर में भी गहराती रात के साथ ज्वार तेज़ होने लगा।

कमरे में पहुँचते-पहुँचते काफ़ी थक चुके थे। कपड़े बदलकर सोने जा ही रहे थे कि सिद्धार्थ ने अचानक कहा कि देखो समुद्र की लहरों की आवाज़ कुछ ज़्यादा तेज़ नहीं हो रही है। मैंने कहा कि नहीं रात में ज्वार चढ़ता है, इसीलिए लहरों की तेज़ आवाज़ आ रही है। हम दोनों अपने-अपने बिस्तरों पर लेट गये। अब मुझे लगा कि हाँ, सिद्धार्थ ठीक कह रहा है, आवाज़ कुछ ज़्यादा ही तेज़ है। मैं दरवाज़ा खोलकर समुद्र तट की ओर खुलने वाली बालकनी में आ गया। दूर समुद्र में देखा तो पानी के जहाज़ों की रोशनियाँ बहुत तेज़ी से ऊपर नीचे हो रही थीं। मुझे कुछ अजीब-सा लगा। ऐसा क्यों हो रहा है। फिर ध्यान से देखा तो उन जहाज़ों के पीछे दैत्याकार ऊँची-ऊँची समुद्र की लहरें बड़ी तेज़ी से आ रही हैं। पानी के जहाज़ उन्हीं के प्रभाव से ऊपर नीचे होते हुए तट की ओर बहते हुए आ रहे थे। देखकर मेरी हालत ख़राब हो गयी। कैनकुन ऐसी जगह है जो तीन तरफ़ समुद्र से ही घिरा हुआ है। मैं सोचने लगा कि

कैनकुन की ज़मीन तो तक़रीबन समुद्र की सतह से सटी हुई है। ऊँची होगी भी तो चन्द मीटर यानी यह लहरें अब थोड़ी ही देर में इस पूरे इलाक़े को डुबाने वाली हैं। हमारा होटल मुश्किल से सात-आठ मंज़िल का था। बचाव का बस एक ही तरीक़ा था कि कैसे-न-कैसे हम छत पर पहुँच जायें। समुद्र की सतह पर उतराते हुए जहाज़ बड़ी तेज़ी से क़रीब आ रहे थे। मैं तुरन्त कमरे में गया। पासपोर्ट, पर्स और मोबाइल को एक पॉलिथीन में कवर किया। फिर सिद्धार्थ को जगाना शुरू किया। सिद्धार्थ उठो, सुनामी आ गयी। मैंने उसे झिंझोड़ना शुरू किया। तब तक अचानक मेरी आँख खुल गयी। सामने सिद्धार्थ कॉन्फ्रेंस में जाने को तैयार खड़ा था। अपने ही स्टाइल में कह रहा था—उठिए मिश्रा जी बहुत सो लिए। मेरी जान में जान आयी। उफ़ तो यह एक सपना था। पर बहुत भयानक सपना था। पसीने-पसीने हो गया था। फिर एक बार खिड़की पर आया। ख़ूबसूरत सूर्य दूर कहीं सागर में उदय हो रहा था। मैंने अपने मोबाइल से उसकी एक फ़ोटो ली और फिर तैयार होने लगा।

वैसे इस तरह के सपने आना स्वाभाविक भी था। दिन भर पर्यावरणविदों के साथ रहने, दुनिया भर के लोगों की ग्लोबल वार्मिंग से जुड़ी समस्याएँ सुनने और एक ख़ास तरह के माहौल में लगातार रहने से उसका प्रभाव मन मस्तिष्क पर पड़ता ही है। क्लाइमेट से जुड़ी वर्कशॉप कवर करते-करते दिन भर दिमाग़ में वैसी ही बातें चलतीं। यूँ समझ लीजिए कि जैसे आजकल सारी जनता कोरोना वायरस के बारे में ही सोचती रहती है। दुनिया में ग्लोबल वार्मिंग के असर तो सबको नज़र आते हैं। मेरे भीतर भी काफ़ी कुछ उबलता रहता था। सुनामी का सपना तो ख़ैर ख़्वाब था पर हक़ीक़त में ऐसा नहीं होगा, इसकी कोई गारंटी नहीं। अब जबकि दुनिया की आधे की क़रीब जनता लॉकडाउन में है। उद्योग-धन्धे ठप पड़े हैं। पेट्रोल-डीज़ल जल नहीं रहा है तो वातावरण एकदम से बदलने लगा है। प्रकृति ने पृथ्वी की ओवर हॉलिंग शुरू कर दी है। यक़ीन मानिए कि कोरोना तो एक साधारण-सा फ्लू वायरस है। ग्लोबल वार्मिंग बढ़ती रही है। हमारे ध्रुवीय प्रदेशों की लाखों साल से जमी बर्फ़ के नीचे ऐसे-ऐसे वायरस दबे पड़े हैं, जिन्होंने डायनासोरों को ख़त्म कर दिया था। बर्फ़ पिघलने से अगर वह निकल आये तो सोचिए क्या होगा। अब चूँकि मैं एक समुद्र तटीय शहर में था। समुद्र द्वीपीय देशों की तकलीफ़ों को क़रीब से देखा तो ऐसे सपने आते रहना एक आम बात बनने वाली थी। ग्लोबल वार्मिंग बढ़ेगी तो सबसे पहला असर आईलैंड देशों पर ही पड़ना है। मालदीव के बारे में यह आशंका है ही कि अगले कुछ सालों बाद पूरा देश पानी के भीतर होगा। इन्हीं सारे विषयों पर चर्चा करने के लिए हमें क़रीब दस किलोमीटर दूर एक दूसरे होटल की ओर निकलना

था जहाँ 16वीं क्लाइमेट कॉन्फ्रेंस हो रही थी। पर उससे पहले नाश्ते के लिए रिसॉर्ट के शानदार रेस्त्राँ में जा पहुँचे।

ब्रेड, बटर, अंडा, दूध, फल और जूस तो सभी अच्छे होटलों के ब्रेकफास्ट में होते ही हैं। यहाँ उसके अलावा काफ़ी कुछ था। ख़ासतौर पर सी-फूड। फिले जैसी मछलियों की कुछ डिशेज़ थीं। तवे पर हल्के घी में सुनहरा भूनकर उस पर काली मिर्च, नमक और सॉस के साथ सर्व किया जा रहा था। साथ में नींबू भी था। अगर आपको सैलेड चाहिए तो प्याज़, टमाटर, मिर्च के अलावा तरह-तरह की सब्ज़ियाँ तो थी हीं, साथ में ऑक्टोपस का सैलेड भी था। और भी तरह-तरह के जलीय जीव वहाँ थे, पर मैं उन्हें पहचानता नहीं था। ख़ैर अभी तो नाश्ते का वक़्त था पर मुझे लगता है कि मैक्सिकन फूड की बात भी अभी ही कर ली जाये तो बेहतर। भारतीय लोगों को विदेश में अगर किसी लैटिन अमेरिकी देश का खाना सबसे बेहतर लगेगा तो वह मैक्सिको है। यहाँ तीखी मसालेदार करी बहुत खायी जाती हैं। तरह-तरह की मिर्च यहाँ होती हैं, जैसे एलेपीनो। कई मिर्च तो इतनी तीखी होती हैं कि उनका छोटा-सा टुकड़ा भी मुँह में रखना सम्भव नहीं होता। टमाटर का तो मूल ही मैक्सिको में है। नैशनल बुटानिकल रिसर्च सेंटर के एक पूर्व निदेशक डॉ. पुष्पांगदन मुझे अक्सर बताते थे कि टमाटर विदेशी है। मैक्सिको का है। भारतीय जलवायु में यह उतना फ़ायदेमंद नहीं जितना कि इमली और कच्चा आम है। लिहाज़ा अगर चटनी खानी हो या सब्ज़ियों में डालना हो, इन्हें ही इस्तेमाल करना चाहिए। डॉ. पुष्पांगदन के वक़्त में यहाँ एक हर्बल बीयर बनी थी, जो कच्चे आम से तैयार होती थी। उसमें हल्का अल्कोहल तो था ही, स्वाद भी बहुत ही ताज़गी भरा था। अफ़सोस कि वह बीयर कभी बाज़ार में नहीं आयी। हाँ मुझे कई बार पीने का मौक़ा मिला। तो ख़ैर टमाटर, प्याज़ और मिर्च का मैक्सकिन फूड में काफ़ी इस्तेमाल होता है। नाश्ते के दौरान वहाँ एक शेफ से बात करने का मौक़ा मिला। उसने बताया कि जैसे आपके यहाँ रोटी होती है, वैसे ही हमारे यहाँ टोर्टिला होती है। इन्हें तरह-तरह के आटे से बनाया जाता है। इसे अलग-अलग तरह की करी के साथ दिया जाता है। इसी तरह एक डिश होती है कासाडिला। यह पीता ब्रेड में सब्ज़ियों, चिकन, लैम्ब या बीफ को रैप करके बनायी जाती है। साथ में होता है साल्सा। साल्सा टमाटर की चटनी होती है जो कि अब भारत में भी बहुत लोकप्रिय है। वैसे जब चटनियों और डिप्स की बात चल ही रही है तो ग्वाकेमूले का ज़िक्र भी ज़रूरी है। इसे एक फल अवाकाडो, प्याज़, टमाटर और मिर्च को घोंट कर बनाया जाता है। बाक़ी टाको रैप और नाचोज़ तो अब भारत में भी मिलते हैं। एनचिलाडा एक तरह का स्प्रिंगरोल होता है।

उसके अन्दर की भरावन या फिलिंग मैक्सिकन अपने हिसाब की रखते हैं। खाने में बीफ और पोर्क का बहुत प्रयोग होता है। मुझे याद आता है कि एक शाम मैं अपने रिसॉर्ट के एक ऐसे रेस्त्राँ में बैठा था जिसमें एक बहुत बड़ी भट्ठी दीवार के भीतर धधक रही थी। साथ के मित्र चर्चा कर रहे थे कि वहाँ रिब्स बेहतर मिलते हैं। मैं तब तक समझ नहीं पाया था कि रिब्स क्या होते हैं। वहाँ जाकर पता चला कि यह तो बीफ है। कुछ हट्टे-कट्टे बावर्ची बीफ के बड़े-बड़े टुकड़ों को लोहे की एक बड़ी सरिया में फँसाए हुए थे। उन्हें मसालों से मैरिनेट किया गया था। ज़्यादातर पसलियों वाला हिस्सा था। सरियों में पीछे लकड़ी के मूठ थे। मूठ से पकड़कर सरियों को भट्ठी में डाल दिया जाता था। तेज़ आँच में कुछ देर भूनने के बाद उन्हें एक तेज़ धारदार गड़ासेनुमा चाकू से काट-काटकर प्लेटों में सर्व किया जा रहा था। आमतौर पर कौन क्या खाता है, इससे मेरे ऊपर कोई असर नहीं पड़ता। फिर भी बचपन के संस्कार भीतर-ही-भीतर कचोटने लगे। बीफ और पोर्क से मैं हमेशा दूर भागा। मैंने मित्रों से माफ़ी माँगी और बहाना बनाकर निकल लिया। मैं अब एक दूसरे रेस्त्राँ में था। चावल की एक बेहतरीन डिश मुझे मिल गयी। खाकर तृप्त हुआ। फिर कैरेबियन सागर के किनारे रात की चाँदनी और कूटी हुई चाँदी जैसी बालू में बैठकर मन-ही-मन कविताएँ बुनने लगा।

मैक्सिको की मायानगरी

जो मोह ले, वह माया है। मैंने तो माया का यही अर्थ जाना है। अपने यहाँ मुम्बई को मायानगरी कहा जाता है। फ़िल्मी दुनिया पर छपने वाली एक मैगज़ीन का नाम भी मायापुरी था। बचपन में बाल कटाने का मोह भी इसीलिए था। बारबर शॉप पर मायापुरी पढ़ने को मिलेगी। वैसे मोह लेने वाली बात पर वापस आयें तो मैक्सिको के जिस हिस्से में हम गये थे, वह वाकई मायानगरी ही तो था। ऐसा सबकुछ जो आपको मोह ले। सात रेस्ट्राँ, पाँच बार, तीन स्वीमिंग पूल और एक निजी बीच वाले रेसॉर्ट में तो हम रह ही रहे थे। सच कहूँ तो छह दिन छह रातों में उसे ही पूरी तरह से देख समझ नहीं पाये। बाक़ी शहर का नशा भी कुछ कम नहीं। सुहाने मौसम में ज़रा-सी गर्मी आयी नहीं कि आसमान में इन्द्रधनुष खिंचने लगता। जाने कहाँ से काले कजरारे बादल आ जाते। इतने नीचे कि बिल्डिंगों की छत उनसे ऊपर होती। कुछ देर बारिश होती। मौसम फिर से मामूली गुलाबी ठंड वाला हो जाता। मोहित मन इस मायानगरी में रह-रहकर व्याकुल हो रहा था। मन कर रहा था कि सुन्दर समुद्र तट, मौसम की छटा और यहाँ की ख़ूबसूरती सबको समेट कर अपने बैग में रखकर वापस लखनऊ आ जाऊँ।

यह तो बात हुई मेरी कल्पनाओं में बस रही मायानगरी की। मैक्सिको में एक सचमुच की मायानगरी बसी हुई है। 1500 ईसा पूर्व के जमाने से। माया सभ्यता का सबसे बड़ा केन्द्र। इसे दुनिया के सात आश्चर्यों में से एक माना जाता है। इसका नाम है चेचेन इत्जा। कैनकुन मैक्सिको के क्वीनटाना : प्रान्त के सबसे निचले हिस्से में समुद्र के किनारे बसा है। जबकि चेचेन इत्जा यूकतान प्रान्त के टीनूम में है। कैनकुन से चेचेन इत्जा के बीच की दूरी दो सौ किलोमीटर से कुछ ज़्यादा है। यहाँ पहुँचने के चौथे दिन कॉन्फ्रेंस में कुछ ख़ास नहीं था। सेंटर फॉर साइंस एंड एनवायरनमेंट के साथ आयी पत्रकार टीम ने तय किया कि चेचेन इत्जा घूमा जाये। ठीक है कि क्लाइमेट कॉन्फ्रेंस महत्त्वपूर्ण थी। यह भी ज़रूरी था कि हम माया सभ्यता के इस

केन्द्र को देखें, जाने और समझें। आख़िर भारत से पन्द्रह हज़ार किलोमीटर दूर आने के बाद हम अगर दो सौ किलोमीटर की दूरी तय करने में हिचकिचाते तो बाद में ख़ुद को कैसे माफ़ करते। एक 12 सीटर जोंगा टाइप जीप बुक कराई गयी। बढ़िया मज़बूत गाड़ी थी। मैक्सिकन काऊ ब्वाय टाइप का ड्राइवर था। यहाँ भी लेफ्ट हैंड ड्राइविंग थी। मैंने आगे ड्राइवर के बग़ल वाली सीट पकड़ ली। कैनकुन से निकलते ही ड्राइवर ने ग़ज़ब स्पीड ली। बन्दा 140 से नीचे उतरने का नाम ही नहीं ले रहा था। रोड भी एकदम सीधी थी। रफ़्तार का अन्दाज़ कुछ यूँ लगाइए कि छोटे-मोटे कीड़े आकर गाड़ी की विंड स्क्रीन से टकराते थे तो शीशे पर ही फैलकर उनका बर्क बन जाता। इतनी रफ़्तार वाले चौपहिये पर कभी बैठा नहीं था। मुझे तो थोड़ी-थोड़ी घबराहट भी होने लगी। पीछे बैठे सिद्धार्थ, सीबी, बहार, सुपर्नो, राजू और बाक़ी लोग कुछ देर तो बात करते रहे। बाद में सब ऊँघने लगे। हद तो तब हुई जब मैंने अपने ड्राइवर साहब को देखा। वह भी बाकायदा आँखें बन्द करके सो रहे थे। गाड़ी डेढ़ सौ की स्पीड में भाग रही थी। मैंने पीछे बैठे लोगों को बताया कि भाई साहब सोते हुए चला रहे हैं तो सबकी नींद एकदम से खुल गयी। सारे के सारे हिन्दी में ज़ोर-ज़ोर से बातें करने लगे। इससे ड्राइवर भी सतर्क हो गया।

रास्ते में हमें युकतान प्रान्त के छोटे-छोटे क़स्बे भी दिखे। लोग काफ़ी आरामतलब नज़र आ रहे थे। यहाँ-वहाँ बुजुर्गों के झुंड भी दिखे। कुछ लोग नशा फूँकते भी नज़र आये। काफ़ी लोग कैरम खेल रहे थे। शहर क़स्बे निकलते ही दोनों तरफ़ हरा-भरा जंगल नज़र आने लगता। क़रीब दो घंटे में हम लोग चेचेन इत्जा पहुँच गये। यहाँ पर अभी भी सोलह-सत्रह सौ साल पहले के मन्दिरों के अवशेष और पिरामिड मौजूद हैं। हमारे गाइड ने बताया कि माया सभ्यता का विकास 1500 सौ ईसा पूर्व में ज़रूर हुआ पर तीन सौ से आठ सौ शताब्दी के बीच यह सभ्यता अपने चरम पर थी। ख़ासतौर पर खगोल शास्त्र, गणित, वास्तुशास्त्र, ज्योतिष और लेखन में इस सभ्यता के लोग काफ़ी दक्ष थे। माया कैलेंडरों का ज़िक्र तो हममें से ज़्यादातर ने सुना है। उनकी एक मशहूर भविष्यवाणी भी थी कि माया कैलेंडर जहाँ ख़त्म होता है, वहाँ से समूची सृष्टि ही नष्ट हो जायेगी। उनके कैलेंडर के हिसाब से यह तिथि 21 दिसम्बर 2012 थी। हॉलिवुड में इस पर मशहूर फ़िल्म भी बनी। हालाँकि बाद में भविष्यवाणी ग़लत साबित हुई। वैसे मुझे लगता है कि माया सभ्यता वाले ज़्यादा ग़लत भी नहीं थे। जिस तरह से ग्लोबल वार्मिंग बढ़ी है, अगर उस पर क़ाबू नहीं किया गया तो 2012 नहीं तो 2112 तक यह नौबत आ ही सकती है। बहरहाल, माया के लोग विभिन्न घटनाओं, जीवन-मरण और धार्मिक त्योहारों का पूरा रिकॉर्ड रखते थे।

उनके कैलेंडर भी उसी आधार पर बनाये जाते थे। यह कैलेंडर वैज्ञानिकता पर भी आधारित होता था। ख़ासतौर पर खगोलशास्त्र से जुड़ी बातों के मामले में। मानव बलि की परम्पराएँ भी यहाँ थीं। यहाँ के अवशेषों पर दीवारों पर जो आकृतियाँ उकेरी गयी हैं, उनमें मानव खोपड़ियाँ बड़ी संख्या में हैं। इसके अलावा मुखौटों से जुड़ी कृतियाँ भी थीं। बड़ी संख्या में वहाँ मुखौटे बिक भी रहे थे। एक बच्चा स्पेनिश भाषा में मुझसे कुछ ख़रीदने का आग्रह कर रहा था। जब मैंने ध्यान नहीं दिया तो वह ज़ोर से चिल्लाकर बोला—हेलो मिस्टर मनमोहन सिंह। तब मैं चौंककर उसे देखने लगा। हम भारतीयों को लोग शक्ल से ही पहचान लेते हैं। बच्चे को हमारे उस वक़्त के प्रधानमन्त्री का नाम मालूम था। ध्यान खींचने के लिए उन्हीं का नाम ले लिया। मैं उसे मुस्कराकर देखने लगा।

यहाँ सबसे ज़्यादा आकर्षण का केन्द्र था—कूकुलकान पिरामिड। आमतौर पर पिरामिड तिकोने होते हैं। यह चौखंटा बना था। हर तरफ से 91 सीढ़ियाँ थीं जिन पर अब चढ़ने की इजाज़त नहीं थी। एक सीढ़ी चारों तरफ़ की सीढ़ियों को आपस में जोड़ती थी। कुल मिलाकर तीन सौ पैंसठ। इससे यह पता चलता है कि उन्हें पृथ्वी की सूर्य की परिक्रमा वाली बात पता थी। यह पिरामिड वैसे तो उनके देवता कूकुलकान की स्मृति में था लेकिन खगोलीय नज़रिये का इसमें पूरा ध्यान रखा गया था। साल की ख़ास ऋतुओं व तारीख़ों पर सूर्य की रोशनी जब इस पिरामिड पर शाम के वक़्त पड़ती है तो ज़मीन पर एक रेंगता-सा साँप बन जाता है। ऐसा कुछ तारीख़ों पर ही होता है। इस तरह का वास्तुशास्त्र व कलाकारी ही माया सभ्यता को मायावी बनाती है। यहाँ पर योद्धाओं की याद में विजय स्तम्भ भी बनाए गये हैं। मुझे सबसे ख़ास बात यहाँ यह नज़र आयी कि उनके मन्दिर या पिरामिडों में जिन आकृतियों को देवतुल्य मानकर जगह दी गयी है, उनमें हाथी की सूंड, सूर्य और भारतीय मन्दिरों में मिलने वाली आकृतियों से मिलती-जुलती चीज़ें नज़र आती हैं। गाइड का भी कहना था कि प्राचीन भारतीय सभ्यताओं से ज़रूर इनका कुछ सम्बन्ध रहा होगा। ख़ैर दोपहर का वक़्त हो चुका था। मुझे भूख लगी थी और वहाँ जो कुछ भी खाने-पीने को मिलता था, उसे देखकर मुझे हमेशा लगता था कि मैक्सिको से भारत का ज़रूर कोई सम्बन्ध रहा होगा। आख़िर इतना मिर्च मसाला, प्याज, टमाटर दोनों ही देश खाते हैं। सभ्यताओं के बीच बिना सम्बन्ध के खानपान में इतनी क़रीबी कैसे हो सकती है। बहरहाल पन्द्रह हज़ार किलोमीटर की दूरी हमेशा इस सोच में व्यवधान डालती कि भारत के हिसाब से दुनिया के दूसरे हिस्से में मौजूद मैक्सिको तक भारतीय कैसे आये होंगे या यहाँ वाले उधर कैसे गये होंगे। वैसे यह इतिहासकारों

के शोध का विषय है। हम लोग यहाँ काफ़ी घूम चुके थे। ख़ूब फ़ोटोग्राफी भी हो गयी थी। आख़िरकार हम दुनिया के सात आश्चर्यों में से एक का दीदार कर रहे थे। मेरी ख़ुशक़िस्मती है कि इस फेहरिस्त में शामिल कनाडा का नियाग्रा फॉल, पेरिस का एफिल टॉवर और अपने देश के ताज महल समेत चार आश्चर्य तो मैं देख ही चुका हूँ। मुखौटे और वहाँ की कुछ यादगार चीज़ें ख़रीदने के बाद हम लोग वापस कैनकुन की ओर रवाना हो गये। रास्ते में हमें कई जगह हथियारों से लैस पुलिस और आर्मी के मूवमेंट नज़र आये। एक बार फिर डर लगा कि कहीं ड्रग माफिया से वार तो शुरू होने वाली नहीं है। फिर यह जगह कैनकुन भी नहीं थी, जहाँ शहर में आमतौर पर ऐसे टकराव नहीं होते हैं। लौटते वक़्त मैं गाड़ी में आगे नहीं बैठा। मुझे नींद आ रही थी और मैं ड्राइवर के बग़ल में बैठकर सोना नहीं चाहता था। ड्राइवर पहले से ही सोने में काफ़ी उस्ताद था। उसके बग़ल में हमारे एक बातूनी साथी बैठा दिये गये। उनकी ज़िम्मेदारी थी कि अगले ढाई घंटे वह ड्राइवर को झपकी न लेने दें। एक ख़ूबसूरत मायावी दुनिया देखकर अब हम लौट रहे थे। दिल में एक कसक भी थी। क्या फिर कभी हम मैक्सिको की इस मायावी दुनिया को देखने दोबारा आ पायेंगे। एक तो पन्द्रह हज़ार किलोमीटर की दूरी और दूसरी 2012 में दुनिया ख़त्म होने वाली माया कैलेंडर की भविष्यवाणी का ख़ौफ। तब दो हज़ार दस का दिसम्बर महीना चल रहा था। हम आज निश्चिन्त हैं कि वह झूठ था पर तब भविष्यवाणी का सच जानने में दो साल बाक़ी थे। फ़िक्र तो हो ही रही थी तब।

कॉटी के जलवे, टकीला के झटके और जयराम रमेश

समझ नहीं आ रहा था कि इतनी रोमांटिक जगह पर क्लाइमेट कॉन्फ्रेंस क्यों हो रही है। ख़ूबसूरत बीच, हरी- भरी वादियाँ, स्वीमिंग पूल, कैरेबियन तट और लज़ीज़ खाना। वैसे अगर यह कॉन्फ्रेंस नहीं होती तो क्या मैं कभी पन्द्रह हज़ार किलोमीटर दूर यहाँ आ पाता। वह भी क़रीब चौबीस घंटे की घुटना तोड़ हवाई यात्रा के बाद। घर वाले कहते थे कि तुम्हारे पाँव में तिल है। ख़ूब घूमोगे। अब अगर यह तिल का ही असर था तो बहुत सही था। सुबह-सुबह कैरेबियन तट पर कुछ दूर दौड़ लगाने के बाद हम सब तैयार हो गये। नाश्ता करने के बाद होटल के बाहर आने वाली बीस नम्बर की बस पकड़ी। यह बस हम सबको लेकर क़रीब आठ किलोमीटर दूर एक पाँच सितारा बीच रिसॉर्ट में ले गयी। हमें सीधे रिसेप्शन पर ले जाकर उतारा गया। कॉन्फ्रेंस 29 नवम्बर को ही शुरू हो गयी थी। हम यहाँ पाँच दिसम्बर को पहुँचे। क्लाइमेट कॉन्फ्रेंस ज़्यादातर इन्हीं तारीख़ों में पड़ती है। मुझे इसलिए हमेशा याद रहता है कि चार दिसम्बर मेरे बेटे का जन्मदिन होता है। अक्सर मैं क्लाइमेट कॉन्फ्रेंस की वजह से भारत में होता ही नहीं था।

सच कहूँ तो दुनिया भर से आये बारह हज़ार से अधिक लोगों का इन्तज़ाम कर पाने में कैनकुन ने कोशिशें तो अच्छी कीं पर कुछ कमियाँ थीं। मिसाल के तौर पर इस कॉन्फ्रेंस में ग़ैर-सरकारी संगठनों यानी एनजीओ की बहुत बड़ी भूमिका होती है। ज़्यादातर जगहों पर सरकारी और ग़ैर-सरकारी आयोजन स्थल आसपास ही होते थे। यहाँ एनजीओ को कहीं और काफ़ी दूर जगह दी गयी थी। इस कॉन्फ्रेंस में पहली बार ऐसा हुआ कि एनजीओ क्या कर रहे हैं, यह हम देख ही नहीं पाये। संयुक्त राष्ट्र संघ की मान्यता प्राप्त क़रीब बारह सौ पत्रकार यहाँ कवरेज के लिए आये थे। चूँकि हम एक हफ़्ते बाद पहुँचे थे, लिहाज़ा ज़्यादातर जगहों पर पहले से जर्नलिस्ट काबिज़ थे। अक्सर हमें मीडिया हॉल में जगह ही नहीं मिल पाती। ऐसे में हम यहाँ-वहाँ कहीं भी ज़मीन पर बैठकर काम कर रहे थे। वैसे भी उत्तर प्रदेश के पत्रकारों के लिए यह कोई ख़ास बात नहीं। हम कहीं भी कैसे भी हालात में काम

चला लेने वाले लोग हैं। लिहाज़ा गैलरी, लॉन या रिसेप्शन जहाँ भी जगह मिलती, हम अपनी रिपोर्ट फ़ाइल कर देते। न्यूज़ के सबसे बड़े सोर्स उस वक़्त के पर्यावरण मन्त्री जयराम रमेश थे। इस कॉन्फ्रेंस में भारत काफ़ी दबाव में था। विकासशील देशों के संगठन जी 77 प्लस चीन और बेसिक समूह दोनों ही जगहों पर भारत और चीन से कहा जा रहा था कि वह उस सन्धि पर हस्ताक्षर करें जो क़ानूनन लागू की जा सके। दक्षिण अफ्रीका और ब्राजील जैसे साथी मुल्कों ने ही भारत पर दबाव बना दिया था। यानी अगर वादे के मुताबिक़ भारत कार्बन उत्सर्जन कम नहीं करता है तो उस पर इंटरनैशनल कोर्ट में मुक़दमा किया जा सकेगा। अभी तक के सम्मेलनों में भारत, अमेरिका और चीन जैसे मुल्क इसके ख़िलाफ़ रहे थे। इस सन्धि पर साइन करने का मतलब होता कि देश के नागरिकों पर तरह-तरह के टैक्स व प्रतिबन्ध। मसलन कोयले से चलने वाले बिजलीघरों को बन्द करना। डीजल-पेट्रोल की गाड़ियों पर नियन्त्रण, ख़ास तरह की तकनीकी वाले इंजनों का इस्तेमाल जिनसे प्रदूषण कम हो। ऐसा करने से भारत पर काफ़ी ख़र्च बढ़ जाता। सम्मेलन की शुरुआती बैठकों में अफ़सरों के लिखे भाषण को पढ़ने के बजाय पर्यावरण मन्त्री जयराम रमेश ने कह दिया कि भारत इस सन्धि पर साइन करेगा। इसे लेकर भारतीय खेमे में हड़कम्प मच गया। इसी मसले पर मैंने जब रमेश से सवाल किया तो उनका मुँह बन गया। उन्होंने उस वक़्त कोई सन्तोषजनक जवाब नहीं दिया। हालाँकि इस सम्मेलन में भी लीगल बाइंडिंग समझौते पर हस्ताक्षर नहीं हुए। अलबत्ता कई महत्त्वपूर्ण बिन्दुओं पर सभी देशों में आम सहमति ज़रूर बनी।

यह क्लाइमेट पॉलिटिक्स बेहद पेचीदी होती है। उसे एक संस्मरण में समझा पाना मुश्किल है क्योंकि इसकी बारीकियों को समझने में वक़्त लगता है। वैसे मैक्सिको अपने पर्यावरण और जीव विविधता को लेकर काफ़ी सतर्क नज़र आया। जिस होटल में सम्मेलन आयोजित हो रहा था, उसकी बिल्डिंग से बाहर हमें पैदल घूमने की कतई इजाज़त नहीं थी। वजह था कॉटी नाम का एक जीव। यह चूहे और बिल्ली के बीच का जानवर लगता था। मुँह चूहे जैसा लेकिन बाक़ी शरीर बिल्ली की तरह। हाँ, पूँछ ज़रूर काफ़ी लम्बी थी। इनको दूर से देखो तो लगता था कि डायनासोर के छोटे-छोटे बच्चे हों। लैटिन अमेरिका में यह जानवर कई देशों में पाया जाता है। इसकी उम्र 12 से 16 वर्ष के बीच होती है। आदतें कुछ-कुछ कुत्तों व जंगली जानवरों की तरह ही होती हैं। इनके झुण्ड अपनी-अपनी सीमाएँ निर्धारित किये रहते हैं। अपनी ही जाति के बाहरी जीवों से जमकर लड़ते हैं। हाँ, इन्सानों से आमतौर पर इनकी दोस्ती भी होती है। फिर भी इस होटल में कॉटी व मनुष्यों के बीच किसी भी क़िस्म के टकराव को रोकने के लिए इन्सानों पर ख़ासे प्रतिबन्ध थे। मसलन हमें

अगर होटल की एक इमारत से दूसरी इमारत में जाना होता तो बस लेकर जाती। हम वहाँ पैदल नहीं चल सकते थे। जंगली जीवों का ऐसा जलवा अपन ने किसी दूसरे देश के शहर में नहीं देखा। लिहाज़ा हम लोगों ने उनसे कोई छेड़छाड़ नहीं की और शहर की ओर निकल लिए।

मैक्सिको एक और चीज़ के लिए भी मशहूर है। वह है टकीला। टकीला आगावे नाम के एक फल के फरमंटेशन या उसे सड़ाकर तैयार किया जाता है। जैसे कि अंगूर या दूसरे फलों से शराब बनती है। इसमें चालीस से पचास फीसदी तक अल्कोहल होता है। यहाँ एक पूरे का पूरा मॉल ही सिर्फ़ टकीला का था। हम सारे के सारे टकीला से जुड़ी जानकारियाँ जुटाने के लिए वहाँ पहुँचे। काफ़ी लोगों को टकीला ख़रीदनी भी थी। हमारे एक साथी की सलाह थी कि ड्यूटी फ्री से इंटरनैशनल एयरपोर्ट पर सिर्फ़ दो लीटर शराब ख़रीदी जा सकती है। अगर टकीला ख़रीद कर हम अभी से अपने लगेज में डाल देंगे तो अपने शौक़ीन दोस्तों को तोहफा देकर ख़ुश भी कर सकते हैं। बहरहाल मॉल में पहुँचते ही हमारे एक साथी अचानक कट लिए। मुझे उत्सुकता हुई कि कहाँ गये तो पता चला कि वह मॉल के अलग-अलग हिस्सों में जाकर सेल्समैन से तरह-तरह की टकीला के शॉट्स लेकर चख रहे हैं। मुझे अपनी इस्ताम्बुल यात्रा के एक दूसरे साथी की याद आ गयी। एयरपोर्ट पर ऐसे ही मुफ़्त की शराब चखते-चखते वह गिरने की नौबत तक आ गये थे। हमें उन्हें उठाकर किसी तरह जहाज़ पर चढ़ाना पड़ा था। कुछ देर में वही हाल हमारे इन साथी का भी हो गया। उनका हाथ अपने कन्धों पर रखकर उन्हें वापस होटल तक ले जाना पड़ा। टकीला के साथ नमक और नीबू चाट-चाटकर उन्होंने अपनी हालत ख़राब कर ली थी। इस बीच मॉल में टकीला के बारे में काफ़ी दिलचस्प जानकारियाँ मिलीं। जिस फल आगावे से यह बनती है, वह कुछ-कुछ अनन्नास सरीखा होता है। उसकी ख़ास क़िस्म की प्रजाति से टकीला बनायी जाती है। टकीला अपने शॉट्स के लिए तो मशहूर है ही, इससे कई तरह के कॉकटेल भी बनाये जाते हैं। ख़ासतौर पर लाइम जूस और ऑरेंज फ्लेवर वाली एक शराब के साथ बनायी जाने वाली मार्गरीटा कॉकटेल है। हम लोग शाम होने से थोड़ा पहले ही होटल पहुँच चुके थे। आज हम लोगों का स्वीमिंग पूल में वक़्त बिताने का कार्यक्रम था। सिद्धार्थ और मैं तुरन्त पूल में पहुँच गये। अमेरिकी लड़के-लड़कियों का झुंड पहले से ही पूल में मौजूद था। उनमें से ज़्यादातर पानी के भीतर बने बार से अपने-अपने ड्रिंक्स लेकर मज़े कर रहे थे। कैनकुन ज़्यादातर लोग इसी मस्ती के लिए जाते हैं। हमारे जैसे लोगों की बात अलग थी जो क्लाइमेट समिट कवर करने गये थे। ग़लती से इस इन्द्रपुरी जैसे रेसॉर्ट में फँस गये थे। जी हाँ, फँसा हुआ ही महसूस कर रहे थे।

कैरेबियन सागर में डूबने से तो बचे लेकिन...

दिसम्बर 2010 कैनकुन

क्लाइमेट कॉन्फ्रेंस ख़त्म होने को थी। चला-चली की वेला क़रीब थी। एक दिन सुबह सुबह मैं, सिद्धार्थ पाण्डेय और वहाँ ठहरी एक महिला पत्रकार साथी समुद्र तट पर घूम रहे थे। अचानक पाण्डेय जी बोले—वी शुड स्विम। महिला साथी ने भी हामी भर दी। मुझे तो तैरना आता ही नहीं था। कैरेबियन सागर में तैरने का आनन्द लेना चाहिए या नहीं, अभी यह उधेड़बुन चल ही रही थी। इस बीच हमारे रिसॉर्ट के निजी बीच वाले हिस्से पर बार सजना शुरू हो गया। यहाँ लोग सुबह-सुबह हल्के-फुल्के नशे वाले अल्कोहलिक ड्रिंक लेते हैं। हम तीनों ने भी पीनाकुलाडा बनाने को कह दिया। बार टेंडर ने बर्फ़ को क्रश करना शुरू कर दिया। नारियल का दूध पहले से ही तैयार था। दोनों को मिक्स करके उसमें ज़रा-सी रम डाली जानी थी। ड्रिंक हाथ में आने के बाद हम कैरेबियन सागर की ख़ूबसूरती को निहारने लगे।

अटलांटिक महासागर से जुड़ा यह सागर सिर्फ़ बेहद ख़ूबसूरत ही नहीं, दुनिया में सबसे गहरे सागर के तौर पर भी जाना जाता है। क़रीब तेईस हज़ार फ़ीट गहरा। यह भी सच है कि अभी तक सिर्फ़ सागर की गहराइयाँ ही नापी गयी हैं। महासागरों की गहराई इतनी ज़्यादा होती है कि उन्हें नापना मुश्किल है। प्यार की गहराई की तरह। कहते हैं कि भारत की तलाश में निकला क्रिस्टोफर कोलम्बस 1492 में इसी सागर में पहुँचा था। इस सागर के इर्द-गिर्द कोलम्बिया, क्यूबा, मैक्सिको, सेंट्रल अमेरिका, हांडुरस, कोस्टारिका और ग्वाटेमाला आदि देश तो हैं ही, कई ऐसे जाने अनजाने द्वीप भी हैं जिनकी सुन्दरता अद्‌भुत है। कोलम्बस के पाँव पड़ने के बाद यहाँ यूरोप के दूसरे देशों के लोग आने जाने लगे। समुद्री व्यापार बढ़ने लगा। इसी के साथ कैरेबियन पाइरेट्स यानी समुद्री लुटेरों का आतंक भी बढ़ा। कारोबारियों, व्यापारियों को लूटकर वह यहीं के द्वीपों पर छुप जाते थे। अब इनका आतंक कम हुआ पर ख़त्म नहीं हुआ। वैसे ज़्यादातर लुटेरे अब ज़्यादा फ़ायदा देने वाले ड्रग्स

और नारकोटिक्स के धन्धे में आ गये हैं। दुनिया में सबसे ज़्यादा नशीली चीज़ों का कारोबार कैरेबियन सागर के इर्द-गिर्द ही फैला है।

जब सारी दुनिया का नशा इस सागर के इर्द-गिर्द फैला हो तो हम पर भी उसका कुछ असर तो होना ही था। सिद्धार्थ और महिला साथी ने ज़िद की कि सुधीर तुम भी चलो। डूबने नहीं देंगे। आख़िर हम लोग तो तैर ही लेते हैं। यह कहकर वह दोनों तो अपने कॉस्ट्यूम लेने चले गये। मैंने तब तक दूसरा ड्रिंक ले लिया। वह तैरने के लिए तैयार होकर आये तो सिद्धार्थ ने कहा—क्या मिश्रा जी, आप डर गये। यह बात चुभ गयी। मेरे पास कोई कॉस्ट्यूम तो था नहीं। टी शर्ट उतारी और बरमूदे की ओर इशारा करते हुए कहा—यही है मेरा स्वीमिंग कॉस्ट्यूम, चलो। उन दोनों के पीछे-पीछे मैं भी दौड़ता हुआ पानी के भीतर घुस गया। उस वक़्त लहरों का ज़ोर ज़रा धीमा था। उन दोनों ने तैरना शुरू कर दिया। मैं जैसे-जैसे आगे बढ़ रहा था, वैसे-वैसे पाँव समुद्र तल से उखड़ने शुरू हो गये थे। इसके बावजूद मेरा जोश कम नहीं था। तब तक देखा कि महिला पत्रकार अचानक वापस जाने लगीं। मैंने ज़ोर-से चिल्लाकर पूछा—कहाँ जा रही हो? उन्होंने दूसरे भारतीय पत्रकारों की ओर इशारा किया जो हमारे समुद्र स्नान के फ़ोटो निकाल रहे थे। उसने कहा कि यहाँ तो हम लोग समझदार हैं। कोई लैंगिक भेद नहीं है। अब अगर यह लोग हमारी फ़ोटो फेसबुक पर डाल देंगे तो लोग ट्रोलिंग शुरू कर देंगे। हालाँकि तब तक ट्रोलिंग जैसे शब्दों का इस्तेमाल शुरू नहीं हुआ था पर जो उन्होंने कहा, उसका भाव यही था। उनकी सोच सही थी। मैंने मासूमियत से पूछा कि फिर मैं अगर डूबा तो बचाएगा कौन? जवाब मिला कि सिद्धार्थ है न। मुझे यह जवाब कुछ अच्छा नहीं लगा। सिद्धार्थ काफ़ी दूर आगे निकल चुका था। मेरे पाँव ज़मीन से उखड़ रहे थे। जोश कह रहा था जवान आगे बढ़ और दिमाग़ कह रहा था कि बेटा वापस हो ले। मैंने बीच का रास्ता चुना—थोड़ा किनारे की ओर आ गया। इतना कि जहाँ मेरा सन्तुलन बना रहे। इससे इतना हो गया कि मुझे डरा हुआ भी नहीं कहा जाता और मैं सेफ भी था।

ख़ैर क़रीब आधे घंटे तक समुद्र में अठखेलियाँ करने के बाद हम वापस निकलकर स्वीमिंग पूल में आ गये। तब तक हमारे एक बुज़ुर्ग साथी आये और समझाने लगे—देखो बच्चा यह तो कहो कि आज लो टाइड था। अगर हाई टाइड में इतना आगे निकल गये होते तो वापस न आ पाते। मैंने उनका पूरा सम्मान किया और हामी भर दी। कतई यह नहीं कहा कि चचा अगर हाई टाइड और तूफ़ानी लहरें होतीं तो मैं इतना अन्दर जाता ही क्यों। ख़ैर पूल से निकलकर कमरे पर आये। फिर नहाया और शहर घूमने निकल पड़े। इस दौरान यहाँ की स्ट्रीट मार्केट को भी देखा।

जबरदस्त मोलभाव चलता है यहाँ। अपने लोकल गाइड से यह बात मैं पहले ही समझ चुका था। एक दुकान में मुझे बच्चों के कुछ कपड़े समझ में आये। ज़्यादातर के लेबल पर मेड इन बांग्लादेश का ठप्पा था। कुछ पर श्रीलंका, भारत और पाकिस्तान भी लिखा था। एक बात यह भी समझ आ रही थी कि हमारे देश का बेस्ट सामान तो इधर भेजा जाता है। एक्सपोर्ट क्वालिटी की बात ही कुछ और थी। यूँ समझिए कि दुकानदार महिला ने दो हज़ार रुपये एक कपड़े के दाम बताये थे। मैंने मोलभाव शुरू किया। दो सौ रुपये से। वह चौंककर आश्चर्य से देखने लगी। वह पन्द्रह सौ, हज़ार और फिर छह सौ तक आ गयी। मैं अड़ गया कि पाँच सौ से एक रुपया ज़्यादा नहीं दूँगा। जब मैं वापस जाने लगा तो उसने वापस बुलाकर पाँच सौ में ही दे दिया। बिल देकर पैसा लेने के बाद उसने मुझसे कहा कि आपका नाम जान सकती हूँ। मैंने कहा कि ज़रूर माई सेल्फ सुधीर। जवाब में उसने कहा—यू आर नॉट सुधीर, यू आर चीपो फिलिपो। मुझे समझ में आ गया कि हद दर्जे का मोलभाव उसे पसन्द नहीं आया और किसी फिलिप नाम के कंजूस से मेरी तुलना की गयी है। मैं मुस्कराया और दुकान से निकल गया। वैसे सच कहूँ तो कपड़े वग़ैरह विदेश में ख़रीदने ही नहीं चाहिए। अपने देश में ज़्यादा बेहतर मिलते हैं। आख़िर बनकर तो यहीं से जाते हैं। सच कहूँ तो जिन चीज़ों पर पैसा ख़र्च करना चाहिए था, वहाँ कंजूसी की और कपड़े ख़रीद लिए। कैनकुन में बहुत कुछ करने को था। वह नहीं किया। जैसे स्कूबा। समुद्र के कई जोखिम भरे खेल यहाँ थे। कुछ डर की वजह से तो कुछ पैसों के कारण, उस तरफ़ झाँका ही नहीं। वैसे इतना वक़्त भी नहीं था। क्लाइमेट कॉन्फ्रेंस की रिपोर्टिंग में बहुत ज़्यादा समय देना पड़ता था।

कैनकुन अब हमसे छूटने वाला था। इतनी सुन्दर जगह थी कि जाने का मन नहीं कर रहा था। ख़ासतौर पर मौसम बहुत प्यारा था। सवाल था भारत से पन्द्रह हज़ार किलोमीटर की दूरी का। भारत का आदमी घूमने की सोचेगा भी तो उसे आसपास और भी बेहतर विकल्प मिल जाते हैं। तो फिर हम अपने पैसे ख़र्च करके इधर क्यों आते। पर जाना तो था। कॉन्फ्रेंस भी एक दिन के लिए बढ़ा दी गयी थी। हम लोगों ने एक दिन बाद का रिज़र्वेशन कराया था। यह सोचकर आख़िरी दिन कुछ हंगामा होगा। पार्टी करेंगे। उसका वक़्त नहीं मिला। हालाँकि हमारी टुकड़ों-टुकड़ों वाली पार्टी तो चल ही रही थी। सुबह-सुबह हमारी फ्लाइट अमेरिका के डैलेस के लिए थी। अब हमारा पूरा ग्रुप बँटने वाला था। सब अपने-अपने हिसाब से वापस जा रहे थे। हममें से कुछ लोग कैलीफ़ोर्निया में किसी रिश्तेदार के घर जा रहे थे, तो कुछ न्यूयॉर्क में। कैनकुन जाने की तैयारियों के वक़्त मेरा भी प्लान था कि लौटते वक़्त

न्यू जर्सी में रुकूँगा। मेरी दोस्त कविता की ज़िद थी कि यहाँ तक आ ही रहे हो तो ज़रूर दो-चार दिन उसके घर रुको। पर रिपोर्टर की ज़िन्दगी तो रिपोर्टर ही जानता है। आठ-दस दिन के लिए ही अगर रुटीन काम से बाहर निकलने का मौक़ा मिल जाये तो बहुत होता है। लिहाज़ा मैंने कहीं न रुककर सीधे वापस आने का फ़ैसला किया था। कविता काफ़ी समय तक नाराज़ रही। हमारे ट्रैवल एजेंट ने वाया डैलेस, फिर शिकागो और वहाँ से दिल्ली का रूट बनाया था। शिकागो तक अमेरिकन एयरलाइंस से। फिर वहाँ से एयर इंडिया से दिल्ली। अब हम पाँच लोग साथ थे सिद्धार्थ पाण्डेय, गोवा के राजू नायक, कोलकाता से जयंतो और बहार दत्त। डैलेस से तुरन्त हमें शिकागो के लिए उड़ना था। डैलेस अमेरिका के टेक्सास प्रान्त का सबसे बड़ा शहर है। शराब और डिब्बा बन्द खानों के अलावा यहाँ काफ़ी इंडस्ट्री है। हमें यहाँ ज़्यादा देर रुकना नहीं था पर यहाँ पहुँचकर पता चला कि फ्लाइट में कुछ तकनीकी ख़राबी आ गयी है। बाहर बर्फ़ का तूफ़ान चल रहा था। थोड़ी घबराहट हो रही थी क्योंकि शिकागो में फ्लाइट पहुँचने और एयर इंडिया की फ्लाइट छूटने में सिर्फ़ दो घंटे का गैप था। हम सब ट्रैवल एजेंट और अपनी बुद्धि के बारे में सोच रहे थे। अब क्या होगा। क्या हमारी फ्लाइट छूट जायेगी। अगर फ्लाइट छूट गयी तो मेरा क्या होगा। मेरा मोबाइल चल नहीं रहा था। शिकागो या डैलेस में कोई अपना था नहीं और पर्स में पैसे भी ज़्यादा नहीं थे। सबसे बड़ी बात यह कि सेंटर फॉर साइंस एंड एनवायरनमेंट का कोई साथी भी अब हमारे साथ नहीं था। आख़िर वही लोग तो हमें लेकर गये थे। ठंड भरे माहौल में मुझे पसीना छूट रहा था। सवाल था क्या हम वक़्त पर शिकागो पहुँच पायेंगे?

और जब शिकागो से दिल्ली की फ्लाइट छूट गयी

फ्लाइट क़रीब एक घंटे लेट हो चुकी थी। सबसे ज़्यादा हालत तो मेरी ख़राब थी। जेब में ज़्यादा पैसे थे नहीं, मोबाइल काम नहीं कर रहा था और शिकागो में कोई ज़ानने वाला भी नहीं। ईश्वर से मना रहा था कि जल्दी से बोर्डिंग शुरू हो। मानो भगवान ने सुन ली। अचानक अमेरिकन एयरलाइंस की हमारी फ्लाइट की बोर्डिंग शुरू होने की सूचना सामने लगे इलेक्ट्रॉनिक बोर्ड पर चलने लगी। हम सब तुरन्त गेट पर पहुँच गये। मेरे हाथ में सिर्फ़ एक हैंडबैग था। हमारा सामान फ्लाइट से फ्लाइट में ट्रांसफ़र हो चुका था। कैनकुन से डलास के लिए उड़ने से पहले मैंने एक सावधानी बरती थी। जब मैं लखनऊ से मैक्सिको के लिए चला था तब भी मुझे पता था कि हम सुहाने मौसम वाले कैनकुन में जा रहे हैं। स्वेटर जैकेट की ज़रूरत नहीं है। फिर भी न जाने क्या सोचकर मैंने वह गर्म जैकेट व एक स्वेटर रख लिया था जिनसे मुझे कोपेनहेगन के माइनस तापमान में राहत मिली थी। बाहर बर्फ़ का तूफ़ान चल रहा था। बाक़ी लोगों के पास भी कुछ-न-कुछ गर्म कपड़े थे पर हमारे गोवा वाले राजू भाई के पास नहीं।

राजू नायक गोवा में लोकसत्ता में थे। उनके राज्य में कभी ठंड पड़ती ही नहीं। लिहाज़ा जैकेट स्वेटर से ज़्यादा उन्हें मतलब रहता नहीं। वैसे भी उन्हें गोवा जैसे ही मौसम वाले कैनकुन में जाना था। उनके पास गर्म कपड़े नहीं थे। मैंने ख़ुद तो जैकेट पहन ली। स्वेटर उन्हें दे दिया। कुछ ही देर में हमारी फ्लाइट टेकऑफ़ कर गयी। शिकागो तक की दूरी क़रीब सात सौ किलोमीटर की थी। दो घंटे की उड़ान के बाद हम एयरपोर्ट पर लैंड कर गये। हमारी एयर इंडिया की फ्लाइट छूटने में अभी भी पैंतालीस मिनट बाक़ी थी। चूँकि अब हमें अमेरिकन एयरलाइंस से एयर इंडिया में शिफ्ट करना था, तो नया बोर्डिंग पास भी लेना था। बाक़ी इमीग्रेशन वग़ैरह तो होना ही था। टर्मिनल पर पहुँचते ही हमें बता दिया गया कि अब आप एयर इंडिया की फ्लाइट पर नहीं जा सकते। हमें शीशे के बाहर दिखाई पड़ रहा था कि हमारी फ्लाइट

में लोग चढ़ रहे हैं। हम सबने काफ़ी शोर मचाया। फिर भी हमारे देखते-ही-देखते फ्लाइट उड़ गयी। मेरी हालत तो यह थी कि काटो तो खून नहीं। चेहरा सफ़ेद पड़ा जा रहा था। तभी सिद्धार्थ ने कहा कि हमें अमेरिकन एयरलाइंस वालों के पास जाकर अपनी बात रखनी चाहिए। भारतीय डॉक्टरों का एक बड़ा दल किसी कॉन्फ्रेंस में आया था। उनकी फ्लाइट भी छूट गयी थी। वह सब भी हमारे साथ हो लिए। हम लोगों ने जाकर काउंटर पर चिल्लाना शुरू कर दिया। उनकी एक अधिकारी आयी और उसने हम सबको शान्त कराया। हमने अपनी बात रखनी शुरू की। हमारा तर्क था कि ग़लती अमेरिकन एयरलाइंस की है। उनकी फ्लाइट की देरी के कारण हमारी फ्लाइट छूट गयी है। उनका कहना था कि ऐसा मौसम की ख़राबी के कारण है, इसमें एयरलाइंस की ग़लती नहीं।

बहरहाल बहस चल ही रही थी कि पीछे से राजू नायक चिल्लाये, वी विल टॉक टू अवर एविएशन मिनिस्टर, ही विल टॉक टू हाई कमीशन। यह सुनकर महिला वापस जाते-जाते ठिठक गयी। डॉक्टरों का शोर-शराबा भी जारी था पर उसने हम पाँचों को अलग बुलाया। फिर वह एक काउंटर पर ले गयी। उसने हम सबको दो-दो सौ डॉलर दिये। होटल शेरेटन में ठहरने के लिए पाँच कूपन दिये और कहा कि वह देखेगी कि क्या कर सकती है। आप लोग आज रात आराम करें, कल फिर आयें। उसने थोड़ा आश्वस्त भी किया कि हम कोशिश करते हैं कुछ। हमारा हंगामा मचाना काम आ गया। अमेरिकन एयरलाइंस के एक कर्मचारी ने बताया कि हम लोगों का सामान नहीं मिल पायेगा। यह पता नहीं चला कि क्यों। शायद सामान फ्लाइट में चला गया था। ख़ैर हम लोग बाहर निकले, हमें एक शटल पर बैठाया गया। क़रीब पन्द्रह मिनट बाद हम शेरेटन होटल पहुँच गये। एयरलाइंस का होटल के साथ शायद कॉन्ट्रेक्ट था। पाँचों लोगों को अलग-अलग कमरे मिले। हमने तय किया कि एक घंटे बाद फ्रेश होकर सिद्धार्थ के कमरे में मिलेंगे। इस बीच राजू ने एविएशन मिनिस्टर से बात भी की। उन्होंने आश्वस्त किया कि ज़रूरत पड़ी तो वह मदद करेंगे। उस वक़्त के उड्डयन मन्त्री गोवा से ही थे। मैं कमरे में आया। सोचने लगा कि कल क्या होगा। अगर अमेरिकन एयरलाइंस वालों ने नयी टिकट नहीं दी तो हम कैसे भारत पहुँचेंगे। हमारे बाक़ी साथी ज़्यादा प्रभावशाली थे। सिद्धार्थ एनडीटीवी से, बहार सीएनएन आईबीएन से, जयन्तो टेलीग्राफ़ और राजू लोकसत्ता। मैं भास्कर से था। टीवी चैनल वालों का प्रभाव उनके कैमरे की वजह से कहीं भी बन जाता है।

ख़ैर कल की कल पर छोड़ी और तय किया कि शिकागो घूमकर देखा जाये। शिकागो इलिनाय प्रान्त के सबसे बड़े शहरों में से है। दुनिया में मीट व अनाज की

सबसे बड़ी मंडी के अलावा शिक्षा व उद्योगों का बड़ा केन्द्र है। मिशिगन झील के किनारे बसे इस शहर की शूटिंग हमने कई फ़िल्मों में देखी होगी। हालाँकि हमारे पास शाम से देर रात के बीच का कुछ वक़्त ही था। सिद्धार्थ के कमरे में पहुँचा, तो वहाँ बाक़ी लोग पहले ही आ गये थे। सबको ठंड लग रही थी और पार्टी करने का मन था। सिद्धार्थ और मैंने तय किया कि हम लोग बाहर जाते हैं। एक-दो घंटे में कुछ लेकर लौटेंगे। बहार और जयन्तो ने कहा कि वे आराम करेंगे। राजू बोले हम साथ चलेंगे। हम दोनों ने उन्हें मना किया कि आपके पास सिर्फ़ एक स्वेटर है और बाहर बहुत ठंड है। वह नहीं माने। हम तीनों जैसे ही होटल से बाहर निकलकर दो क़दम चले होंगे कि राजू गश खाकर गिर पड़े। दरअसल बाहर का तापमान माइनस तीन डिग्री के क़रीब था। खाल काट देने वाली ठंडी हवा चल रही थी और राजू सिर्फ़ एक स्वेटर में। उन्हें उठाकर हम भीतर ले गये और सोफ़े पर बैठाया। उन्हें धीरे-धीरे होश आया। दरअसल राजू ने अपनी ज़िन्दगी में कभी इतनी ठंड देखी ही नहीं थी। उन्हें कमरे में ले गये और यह कहकर ख़ुश किया कि आपकी पसन्दीदा रम लेकर हम लोग कुछ देर में आते हैं। आपको आराम मिलेगा। इसके बाद हम लोग बाहर निकले तो तय किया कि ज़्यादा दूर नहीं जायेंगे। रिसेप्शन से पता चला कि कुछ ही दूर पर एक मॉल है। हम दोनों उधर ही निकल पड़े। तेज़ बर्फ़बारी शुरू हो चुकी थी पर हम दोनों के पास गर्म जैकेट थी। मॉल में जाकर सबसे पहले तो कैप्टन मॉर्गन रम ख़रीदी। मानइस डिग्री तापमान में यह वाकई ज़रूरी थी। ख़ासतौर पर राजू भाई के लिए तो उस दिन यह दवा थी। मैंने एक कैमरा ख़रीदा। हम दोनों ने दो ओवरकोट भी ख़रीदे, जिसे अब तक हर जाड़े में मैं पहनता हूँ। वहाँ से निकलकर हम जल्द ही वापस होटल में आ गये। एक ही कमरे में इकट्ठा होकर पिजा ऑर्डर किया। फिर रम खुली और पार्टी शुरू हुई। इस फ़िक्र को भुलाकर कि कल क्या होगा। देर रात तक हम लोगों का हुल्लड़ चला। सुबह उठकर सबने ब्रेकफास्ट लिया और तुरन्त एयरपोर्ट पहुँच गये। डॉक्टरों का दल भी वहीं उदास खड़ा था। उन्हें कोई आश्वासन नहीं मिला था। अमेरिकन एयरलाइंस के काउंटर पर पहुँचे तो वही महिला फिर नज़र आयी। हमें देखते ही वह मुस्करा दी। हमें लगा कि काम बन गया और वाकई काम बन चुका था। दोपहर बाद की उसी फ्लाइट के बोर्डिंग पास हमारे हाथ में थे जो कल छूट गयी थी। कोई पैसा भी नहीं देना पड़ा। बाहर निकलकर हमने बोर्डिंग पास के साथ उछल-उछल कर जश्न मनाया। उस वक़्त की ख़ुशी को शायद हमसे बेहतर कोई महसूस नहीं कर सकता था। सोचिए, अगर एयरलाइंस वाले मेहरबान न होते तो हमारा क्या होता। ख़ासतौर पर मेरा, मेरे पास तो न पैसे थे, न मोबाइल

और न ही कोई स्थानीय सम्पर्क। एक दोस्त कविता थी भी तो वह बहुत दूर न्यू जर्सी में। डॉक्टरों का ग्रुप जलती हुई आँखों से हमें देख रहा था। उन्हें एयरलाइंस वालों ने बोर्डिंग पास नहीं जारी किये थे। हम उनके लिए कुछ नहीं कर पाये क्योंकि हमें जल्द ही इमीग्रेशन पर पहुँचने को कहा गया था। थोड़ी ही देर में हम फ्लाइट के भीतर थे। अब यहाँ एक और मुसीबत आ चुकी थी। लगातार फ्लाइट्स कैंसिल हो रही थीं। क्योंकि बर्फ़ का तूफ़ान चल रहा था। हम खिड़की से डरे हुए झाँक रहे थे। जहाज़ के ऊपर आधा फ़ीट बर्फ़ जमी हुई थी। कुछ ही देर में क्रेन टाइप कुछ मशीनें आयीं। उनसे बर्फ़ हटाई जा रही थी। लगने लगा कि शायद हम उड़ जायेंगे। कुछ देर बाद सीट बेल्ट बाँधने की घोषणा होने लगी। हमारी अटकी साँस फिर वापस आ गयी। हम सब ख़ुशी से चिल्लाये 'हुर्रे' और फिर 18 घंटे में दिल्ली पहुँचाने वाला जहाज़ उड़ चला। यह डायरेक्ट फ्लाइट थी, बीच में कोई ब्रेक नहीं। ख़ैर फ्लाइट अपने देश की थी और खाना भी आज भारतीय मिलने वाला था।

ब्राउन को नहीं, गोरों को लूटते हैं हम

दिसम्बर 2011—डरबन

नेल्सन मंडेला की एक बात हमेशा जेहन में रहती है—उन्होंने कहा था—मुझे मेरी कामयाबी से मत आँको। मुझे जानना है तो देखो कि मैं कितनी बार गिरा, कितना लड़खड़ाया और फिर कैसे मज़बूती से खड़ा हुआँ

इस बार 17वीं क्लाइमेट समिट थी नेल्सन मंडेला की कर्मभूमि डरबन में। यह शहर बसा है देश के सबसे पूर्वी इलाक़े में हिन्द महासागर के तट पर। इस इलाक़े को बाहरी दुनिया में सबसे पहले जाना था पुर्तगाली नाविक वास्कोडिगामा ने। सन् 1497 में वास्कोडिगामा यूरोप से निकला था भारत का समुद्री रास्ता तलाशने। रास्ते में उसे यह हरा-भरा अनछुआ इलाक़ा नज़र आया। डरबन जिरा प्रान्त में है उसे क्वाजुलू नडाल के नाम से जानते हैं। नडाल की क्रिकेट टीम से जांटी रोड्स, लांस क्लूजनर, डेविल मिलर और शॉन पोलक जैसे क्रिकेटर खेलते थे। डरबन हमारे राष्ट्रपिता महात्मा गाँधी की कर्मभूमि भी रहा है। इस शहर में गाँधी जी की जो मूर्तियाँ हैं, वह दिलचस्प हैं। यहाँ की मूर्तियों में बुजुर्ग नहीं बल्कि नौजवान गाँधी हैं जिन्हें पहचान पाना तो मेरे लिए मुश्किल था।

कॉन्फ्रेंस थी 28 नवम्बर से 11 दिसम्बर के बीच। हम तीन दिसम्बर 2011 को दिल्ली से एमिरेट्स की फ्लाइट से निकले। डरबन तक का सफ़र क़रीब चौदह हज़ार किलोमीटर का था। पहले हम दुबई पहुँचे। यहाँ क़रीब चार घंटे का जर्नी ब्रेक था। हमेशा ध्यान रखिएगा कि अगर आप किसी बहुत दूर के शहर जा रहे हैं तो चार-छह घंटे का जर्नी ब्रेक बहुत बड़ा नहीं होता। इस दौरान इमीग्रेशन से गुज़रने और दूसरी औपचारिकताओं में कुछ वक़्त लगता ही है। साथ ही आप उस देश के एयरपोर्ट को देख-समझकर वहाँ की संस्कृति के बारे में भी जानने की कोशिश करते हो। फिर अगर एयरपोर्ट दुबई, फ्रैंकफर्ट, एम्सटर्डम या लन्दन जैसा हो तो आप चाहोगे कि आपको घूमने का कुछ वक़्त मिले। यह सारे एयरपोर्ट शॉपिंग मॉल सरीखे होते हैं।

दूसरे ड्यूटी फ्री होने की वजह से यहाँ आप टॉप ब्रांड की चीज़ें कुछ कम क़ीमत में भी ख़रीद सकते हैं। हालाँकि अपन जैसे लोगों के लिए यह बहुत मुश्किल ही होता है। यहाँ ज़्यादातर चीज़ों के सबसे महँगे ब्रांड्स होते हैं। उनके दाम काफ़ी ज़्यादा होते हैं। मसलन एक बार इस्ताम्बुल एयरपोर्ट पर एक साधारण जींस देखी तो वह चालीस हज़ार रुपये की थी। यहीं पर एक वाइन की बोतल तीस हज़ार डॉलर क़ीमत की थी। अब दुबई एयरपोर्ट को ही ले लें। सोने के गहनों की चमचमाती दुकानें आप का मन मोह सकती हैं। मोबाइल फ़ोन और रिस्ट वॉच काफ़ी हद तक लुभा देंगे। मैंने इस एयरपोर्ट पर घूमकर ख़ूब सारी विंडो शॉपिंग की। ख़रीदा कुछ भी नहीं। अगर अपने मन का एक भी परफ्यूम, घड़ी, गहना या रिस्ट वॉच ख़रीदते तो समझ लीजिए कि जितना रिज़र्व कोष मेरी जेब में था, सब ख़त्म हो जाता। लिहाज़ा दुबई एयरपोर्ट पर कुछ नहीं ख़रीदा। हवाई जहाज़ की खिड़की से लेकर एयरपोर्ट के शीशों के बाहर लगातार झाँकता रहा कि शायद बुर्ज खलीफा दिख जाये पर यह इमारत नहीं दिखी। हमारे ब्रेक का वक़्त कब ख़त्म हुआ, पता ही नहीं चला। हम एक बार फिर एमिरेट्स की ही दूसरी फ्लाइट में थे। क़रीब ग्यारह बजे का वक़्त था। फ्लाइट उड़ते ही हमारे साथी सिद्धार्थ ने फ्लाइट क्रू से पूछा—क्या एक बीयर मिलेगी। उसने तक़रीबन घूरते हुए कहा—नो। हम दोनों ही चौंक गये। मुझे ग़ुस्सा भी आया कि यह क्या तरीक़ा है। सिद्धार्थ ने शान्त किया कि कुछ न बोलो। हम सीधे इसके सीनियर से शिकायत करेंगे।

अभी कुछ मिनट ही बीते होंगे कि क्रू हाथ में चार बीयर की केन लेकर आया। फिर मज़े लेते हुए इंग्लिश में बोला। आप दो लोग थे, एक बीयर में क्या होता। आपके लिए चार ठीक रहेंगी। आप दोनों के लिए दो-दो। बात अब समझ में आयी। लेबनान का यह ख़ूबसूरत नौजवान एयर क्रू बहुत ही मज़ेदार व्यक्ति था। ज़बरदस्त सेंस ऑफ ह्यूमर। मैंने अब तक की किसी भी यात्रा में हर सहयात्री से इतना मजे लेने वाला क्रू नहीं देखा। ख़ैर यह तो अभी शुरुआत थी। 11 हज़ार किलोमीटर से भी ज़्यादा उड़ना था। तक़रीबन आठ-नौ घंटे। एमिरेट्स का खाना, स्नैक्स और ड्रिंक्स सभी बेहतरीन थे। खाना खाकर कुछ देर झपकी आ गयी। थोड़ी देर बाद सूसू जाने की ज़रूरत महसूस हुई। फ्लाइट के पिछले हिस्से वाले टॉयलेट में पहुँचा तो बाहर रेड सिग्नल था। कोई पहले से ही भीतर था। पीछे के गलियारे में वही क्रू और उसकी साथी एयर होस्टेस आपस में बातें कर रहे थे। अचानक लेबनानी क्रू ने मुझे तक़रीबन ग़ुस्से से आँखें तरेरते हुए कहा कि आप एयर होस्टेस को क्यूँ घूर रहे हैं। सच कहूँ तो एक झलक देखने के बाद मैंने उस तरफ़ आँख भी नहीं उठाई थी। मैं उसकी

इस बात से हड़बड़ा गया और बोला अरे मैंने कब घूरा। क्या बकवास कर रहे हो। वह अचानक फिर मुस्कराने लगा कि अगर घूरा है तो क्या ग़लत किया। आपको घूरना ही चाहिए। यह है ही इतनी ख़ूबसूरत। सब इसे घूरते हैं। आप भी इसे घूरिये। एयर होस्टेस और उसके बीच तफरी वाली नोकझोंक शुरू हो गयी। क्रू बोला—देखिए सब इसे बहुत प्यार से देखते हैं। इसमें इसकी अपनी कोई योग्यता नहीं है। कैलीफोर्निया के जिस इलाक़े की यह रहने वाली है, वहाँ सभी इतने ही ख़ूबसूरत होते हैं। मैं हँसता हुआ, वापस अपनी सीट पर चला गया। अब उससे ठीक-ठाक दोस्ती हो चुकी थी।

शाम हो रही थी। क्रू फिर हमारे पास से गुज़रा चाय-कॉफ़ी की ट्रॉली लेकर। हम लोगों ने कॉफ़ी माँगी तो उसने कहा—नो कॉफ़ी। कुछ देर बाद वापस आया दो केन लेकर। यह आयरिश कॉफ़ी थी। फिर आँख मारते हुए बोला—इसमें कैफीन के साथ अल्कोहल भी है। मैंने कभी भी ऐसी आयरिश कॉफ़ी नहीं पी थी। ख़ैर उस दिन पी। अच्छी लगी। इसी तरह बातें करतें, फ़िल्में देखते और प्लेन में एक-दो चक्कर आगे पीछे घूमते हुए डरबन आ गया। हम अपना छोटा बैग कन्धे पर डालकर बाहर निकलने लगे। दोस्त बन चुका क्रू दौड़ता हुआ आया और उसने आयरिश कॉफ़ी की दो केन मेरे बैग की चेन खोलकर भीतर डाल दीं और बोला एन्जॉय। एयरपोर्ट से होटल क़रीब 45 मिनट की दूरी पर था। होटल पहुँचने पर पता चला कि यहाँ सिर्फ़ दो दिन रुकना है। बाद में हमें एक-दूसरे होटल में ठहरना था। यह होटल काफ़ी व्यस्त से बाज़ार में था। चेकइन करते ही बता दिया गया कि कोई भी व्यक्ति बिना होटल से सुरक्षा लिए बाहर नहीं जायेगा। पता चला कि यहाँ देर शाम या रात में लोगों को लूट लिया जाता है। यह बात सुनते ही घबराहट होने लगी। हालाँकि हमें पहले ही पता था कि क़ानून व्यवस्था के नज़रिये से दक्षिण अफ्रीका के ज़्यादा शहरों की स्थिति ठीक नहीं। लूट, डकैती और हत्या ख़ूब होती हैं। यहाँ के धनी लोग इसीलिए हमेशा सिक्योरिटी लेकर चलते हैं। घरों के चारों तरफ़ भी ऊँची फैन्सिंग और करेंट वाली दीवारें होती हैं। वैसे कुछ मित्रों ने हमें बताया था कि टूरिस्टों के साथ इस तरह की हरकतें अपराधी नहीं करते हैं। ऐसा होने पर पुलिस ज़्यादा कड़ी कार्रवाई करती है। शाम को हम लोग स्थानीय अश्वेत सुरक्षाकर्मियों के साथ बाहर घूमने निकले और खाना खाकर वापस आ गये। कमरे में आने के बाद भी हमें, सिद्धार्थ और हृदेश जोशी को चैन नहीं था। वह दोनों एनडीटीवी अंग्रेज़ी और हिन्दी के पत्रकार थे। हम तीनों काम में एक-दूसरे की मदद करते थे। अक्सर मुझे कैमरामैन बनना पड़ता। रात में तीनों ने तय किया कि हम यहाँ की नाइट लाइफ देखने चलेंगे। रात ग्यारह बजे के क़रीब तीनों लोग वहाँ से निकले। कुछ देर पैदल घूमते रहे। काले लड़के

इधर-उधर घूम रहे थे। किसी ने हमें नहीं टोका। फिर हमें एक पब नज़र आया। थोड़ा हिककिचाये कि क्या जाना ठीक होगा? फिर सोचा कि होटल से बिन बताये निकलकर ओखली में सिर तो दे ही दिया है, अब मूसलों से क्या डरना। हम तीनों पब में दाख़िल हुए। स्थानीय लड़के-लड़कियाँ झूम-झूमकर नाच रहे थे। टिपिकल अफ्रीकी ढंग से। जिसमें सिर को बार-बार आगे पीछे किया जाता है, झटके से। हम लोग चुपचाप जाकर बैठ गये। उस टेबिल पर एक आदमी पहले से बैठा था। बीयर आने के बाद उससे बातचीत शुरू हो गयी। हमने उससे डरबन के बारे में पूछा। कुछ बातें गाँधी जी के बारे में भी हुईं। नेल्सन मंडेला ने कैसे संघर्ष किया। कैसे उनकी अपनी सरकार बनी। हालात बदले। उसने भारतीयों में बड़ी दिलचस्पी दिखाई। गाँधी तो यहाँ के लोगों के लिए मंडेला से कम नहीं हैं। उनके बारे में पूछने लगा। जब बातें दोस्ताना होने लगीं तो हमने बताया कि बहुत डराया गया था कि काले लोग लूट लेते हैं। उसे भी बहुत चढ़ी हुई थी। वह बोला—हाँ लूट लेते हैं कभी-कभी पर गोरों को, अपने ब्राउन भाइयों को नहीं। फिर वह ठठ्ठा मारकर हँसने लगा और बोला लेट्स डांस। हमें निकले हुए क़रीब तीन घंटे बीत चुके थे। रात गहरी हो रही थी। दो मिनट के लिए उस स्थानीय दोस्त का डांस में साथ दिया और फिर हम तीनों वापस अपने होटल में आ गये। होटल के गेट पर खड़ा सुरक्षा गार्ड हमें ग़ुस्से से घूर रहा था हालाँकि उसने कुछ भी नहीं कहा।

डरबन वाले बापू और इला गाँधी

पाँच महीने होने को आ रहे हैं। अपनी विदेश यात्राओं की यादों के सिलसिले को लिखे हुए। वक़्त नहीं मिला, यह कहना बहाना होगा। हाँ, लिखने का तारतम्य या मोमेंटम टूट गया, यह ज़रूर कह सकता हूँ। यह कमज़ोरी है, ग़लती है और ख़ुद की ग़लतियों को महसूस करना, उन्हें सुधारना आना चाहिए। आज बापू, अपने राष्ट्रपिता महात्मा गाँधी का जन्मदिन है। जिस स्कूल में पढ़ा हूँ बचपन में, उसका नाम था, महात्मा गाँधी मांटेसरी स्कूल। शुरुआत से कक्षा आठ तक यहीं पढ़ा। अब इस नाम के स्कूल में पढ़कर बापू के सिद्धान्तों से प्यार तो होना ही था। बापू ग़लती करते थे, उसे स्वीकार करते थे और उसे ठीक करते थे। हम सब भी ग़लती करते हैं, ज़्यादातर लोग उन्हें दुरुस्त भी करते हैं पर स्वीकार करने वाले कम होते हैं। गाँधी जी को मैं जितना समझ पाया हूँ तो उसमें ग़लतियों को स्वीकार करना उनका बड़ा गुण है। लिहाज़ा बापू के जन्मदिन पर मैं मानता हूँ कि पिछले पाँच महीने से मैं आलस कर रहा था, इसलिए संस्मरण लिखने का सिलसिला रुक गया था। आज राष्ट्रपिता के जन्मदिन पर उन्हें याद करते हुए विदेश यात्राओं के संस्मरण लिखने का सिलसिला फिर से शुरू करता हूँ।

तो पिछले संस्मरण में मैंने लिखा था कि डरबन के एक कुख्यात इलाक़े के डरावने माहौल वाले होटल से निकलकर कैसे हम तीन दोस्तों ने वहाँ के काले लोगों के एक पब में जश्न मनाया। आगे कुछ यूँ हुआ कि अगले ही दिन हम लोगों ने उस होटल को छोड़ दिया। हमारी बुकिंग पहले से ही डरबन के एक ख़ूबसूरत पहाड़ी पॉश इलाक़े के होटल में थी। उस इलाक़े में ज़्यादातर गोरे लोग रहते थे। 2012 की उस क्लाइमेट समिट में डरबन प्लेटफ़ॉर्म नाम का एक दस्तावेज़ तैयार हुआ था। इसमें भविष्य में क्लाइमेट चेंज को रोकने से जुड़ी कुछ तकनीकी बातें थीं। उनका ज़िक्र फ़िलहाल छोड़ते हुए हम चलते हैं इला गाँधी के घर। इला गाँधी यानी बापू की पोती। बापू के पुत्र मनीलाल की बेटी। उनका जन्म डरबन में ही हुआ था।

वहीं रहती हैं। दक्षिण अफ़्रीकी संसद की सदस्य रही हैं। मेरे एक मित्र ने कहीं से उनका नम्बर हासिल कर लिया। हमने उन्हें फ़ोन किया और मिलने का वक़्त माँगा। तय वक़्त पर उनके अपार्टमेंट के बाहर पहुँचे और घंटी बजाई। उन्होंने भीतर सीसीटीवी के ज़रिये हमें देखा और ऊपर फ्लैट में बुलवा लिया। इला जी घर में अकेली थीं। कोई नौकर भी नहीं। इतनी बड़ी शख़्सियत की पोती और इतनी सहज, सरल और सादगी वाली। घर और उन्हें देखते ही समझ आ गया कि वे अपने निजी जीवन में अपने दादा जी को जीती हैं। बातचीत शुरू होती, उससे पहले ही बोलीं—पहले आपके लिए चाय बनाकर लाती हूँ। सत्तर पार की प्रौढ़ महिला से अपने लिए चाय बनवाना धृष्टता लग रही थी। फिर न जाने क्यों मैं कुछ बोल नहीं पाया। वह चाय बनाकर लायीं और फिर बड़े अपनेपन से बातों का सिलसिला शुरू हुआ।

उनकी विनम्रता देखकर बार-बार लग रहा था कि गाँधी जी कैसे रहे होंगे। हम लोग उनके सामने छोटे बच्चों की तरह बैठ गये और वो बताने लगीं। उन्होंने कहा कि बापू सारी दुनिया के लिए क्या हैं, यह समझने के लिए भारत वालों को 1893 से 1914 के बीच के मोहनदास करमचंद गाँधी को समझना चाहिए। अंग्रेज़ों की कॉलोनियल सत्ता के ख़िलाफ़ उनके अहिंसक संघर्ष की शुरुआत यहीं से हुई थी। बापू दक्षिण अफ़्रीका में दादा अब्दुल्ला नाम के एक व्यापारी के बुलावे पर बतौर वकील गये थे। वहाँ उन्हें प्रवासियों से जुड़े एक मुक़दमे को लड़ना था। ख़ैर इस मुक़दमे के बारे में आप गाँधी से जुड़ी किताबों में काफ़ी कुछ पढ़ सकते हैं। इला जी ने बताया कि यहाँ गाँधी जी को उस युवा वकील के रूप में याद किया जाता है जिसके अहिंसा के सिद्धान्त ने नेल्सन मंडेला को संघर्ष का रास्ता दिखाया। यहाँ लगी उनकी मूर्तियों में ज़्यादातर युवा गाँधी ही नज़र आते हैं। ऐसी ही एक मूर्ति को जब मैंने देखा तो उन्हें पहचान ही नहीं पाया। इला जी से उनके राजनीतिक जीवन के बारे में भी काफ़ी बातें हुईं। भारतीय मूल के दक्षिण अफ़्रीकी लोगों के बीच उनका काफ़ी काम है। क़रीब एक घंटे तक इला जी से बातचीत के बाद चलने की बारी आयी तो मैंने यादगार के लिए उनसे एक निवेदन किया। उनके घर में लगी बापू की तस्वीर और इला जी के साथ एक फ़ोटो खिंचाने का आग्रह। उन्होंने ख़ुशी से बात मान ली। हमने फ़ोटो खिंचायी और फिर उनसे विदा ली। डरबन में जहाँ-तहाँ गाँधी से जुड़ी यादें नज़र आ जाती हैं। कहीं वो अदालत जहाँ गाँधी जी मुक़दमा लड़े थे तो कहीं किसी पार्क में लगी उनकी प्रतिमा। जिस रेलवे स्टेशन पर उन्हें ट्रेन के प्रथम श्रेणी डिब्बे से फेंका गया था, वह भी ज़्यादा दूर नहीं था। फिर भी वक़्त की कमी से मैं वहाँ जा नहीं पाया। हाँ मैं फीनिक्स आश्रम ज़रूर गया। उस अदालत में

भी गया जहाँ के जज ने गाँधी जी से पगड़ी उतारने को कहा था। दरअसल भारतीयों को ज़्यादातर कुली कहकर पुकारा जाता था। गाँधी जी को भी कुली एडवोकेट कहा गया। कुलियों को पगड़ी पहनने की इजाज़त नहीं थी। वे पगड़ी पहनकर अदालत में गये थे। अपमान होने पर वे बाहर आ गये। फिर डरबन प्रेस में इस रंगभेद व अन्याय के ख़िलाफ़ एक लेख लिखा। इस लेख को उनके संघर्ष की शुरुआत माना जाता है। उस अदालत के बाहर खड़े होकर मुझे गर्व महसूस हुआ। शायद उस जज ने अपमान न किया होता तो गाँधी ज़ी की दिशा शायद कुछ और होती। आज जब हम पेरिस, लन्दन, न्यूयॉर्क या दुनिया के किसी भी बड़े शहर में जाते हैं, तो हमें गाँधी जी के नाम पर सड़क, संग्रहालय या उनकी मूर्ति लगी मिलती है। मैं अभिभूत हूँ कि मुझे ईश्वर ने उनसे जुड़े लोगों और चीज़ों को क़रीब से देखने का अवसर दिया। वापस क्लाइमेट समिट पर आते हैं। पर्यावरण को लेकर भी गाँधी जी के विचार सबसे अधिक उपयोगी लगते हैं, जो हमारे वेद, पुराणों व उपनिषदों का सार है। ज़रूरत भर का इस्तेमाल करो, ग्राम स्वराज स्थापित करो और अहिंसा का पालन करो। शायद इन्हीं बातों को न मानने की वजह से दुनिया इतने ख़तरनाक दौर में पहुँच चुकी है जहाँ से विनाश की आशंका चारों तरफ़ से घेरे हुए हैं। इन आशंकाओं के अँधेरे में गाँधी के विचार हमेशा रोशनी की तरह लगते हैं।

फिर दो हिस्सों में बँटी दुनिया

2011 में क्रिसमस के दौरान साउथ अफ्रीका में था। डरबन क्लाइमेट समिट रफ़्तार से चल रही थी। दुनिया के पर्यावरण को लेकर इस बार भारत और यूरोपीय कम्युनिटी के देश आमने-सामने थे। विदेश सेवा, पर्यावरण मन्त्रालय के सीनियर अफ़सर, मन्त्री जयन्ती नटराजन और दूसरे विशेषज्ञ भारतीय कैम्प में बैठकों पर बैठकें कर रहे थे। दरअसल यहाँ लड़ाई दुनिया के पर्यावरण को बचाने की कम और अपने कूटनीतिक औज़ारों पर धार देने की ज़्यादा थी। आश्चर्यजनक रूप से चीन और भारत के कूटनीतिज्ञ इस सम्मेलन में क़रीब नज़र आ रहे थे। दरअसल दुनिया की आधी से ज़्यादा आबादी को समेटे दोनों मुल्कों को पश्चिमी देश ग्लोबल वार्मिंग का सबसे बड़ा ज़िम्मेदार ठहरा रहे थे। इसमें कोई दो राय भी नहीं कि चीन प्रदूषण फैलाने के मामले में काफ़ी आगे निकल चुका है। अमेरिका समेत पश्चिमी देश उसे घेर रहे थे। घेराबन्दी की इस जद में अपनी आबादी के कारण भारत को भी निशाने पर लगातार लिया जा रहा था। ऐसे में चीन और भारत एक जैसी स्थिति के कारण एक-दूसरे के क़रीब हो रहे थे।

पिछले संस्मरण में मैंने लिखा था कि पर्यावरण सम्मेलन के साथ-साथ कैसे हम डरबन के समाज, राजनीति और इतिहास को समझ रहे थे। इसी सिलसिले में राष्ट्रपिता महात्मा गाँधी की पोती इला गाँधी के घर भी जाना हुआ था। उनकी चाय पी और दक्षिण अफ्रीकी सियासत को समझते हुए गाँधी जी को याद किया। बारह दिन की इस यात्रा में मेरा फोकस किसी एक चीज़ पर केन्द्रित नहीं था। मैं ज़्यादा से ज़्यादा बातों को समझने की कोशिश में था। किसी एक जगह हमारे पाँव टिकते ही नहीं थे। डरबन को समझने में मेरे मददगार थे एनडीटीवी के साथी सिद्धार्थ पाण्डेय और हृदयेश जोशी। एक इंग्लिश में काम करते थे और दूसरे हिन्दी में। दोनों कई पर्यावरण सम्मेलनों में साथ में थे। लिहाज़ा अच्छी दोस्ती हो गयी। विदेश में हम तीनों एक-दूसरे की मदद करते रहते थे। मेरी मदद ज़्यादातर कैमरा सँभालने और

स्थानीय न्यूज़ सोर्स जुटाने की होती थी। पर्यावरण से जुड़े बेहद तकनीकी विषयों को समझने में दोनों मेरी मदद करते थे। मेरा मानना है कि पत्रकार ऐसे ही होते हैं। भाषा के विशेषज्ञ और सभी विषयों के बारे में थोड़ा-थोड़ा जानने वाले। जहाँ उन्हें समझ नहीं आता, वे विशेषज्ञों की मदद लेते हैं। मैंने भी क्लाइमेट पॉलिटिक्स को ऐसे ही समझा। नवम्बर के आख़िरी हफ़्ते में उस दिन हम लोगों को डरबन के एक ओल्ड एज होम में जाना था। यह वृद्धाश्रम ऐसे लोगों का था जो बतौर गिरमिटिया मज़दूर भारत से यहाँ लाये गये थे। ज़्यादातर अस्सी साल के ऊपर। उस दिन उनका एक सांस्कृतिक कार्यक्रम था। इस कार्यक्रम की भाषा अंग्रेज़ी थी। स्थानीय भाषाओं का भी इस्तेमाल हो रहा था। कुछ लोग हिन्दी में भी बात कर रहे थे। एनडीटीवी को रात के प्राइम टाइम के लिए एक ख़ास कार्यक्रम तैयार करना था। इसी दौरान सिद्धार्थ को जाने क्या सूझी। उन्होंने आयोजकों को बताया कि हमारे साथ भारत से हिन्दी पत्रकार सुधीर मिश्र आये हैं। वह हिन्दी गाने बहुत अच्छे गाते हैं। उद्घोषक ने अचानक मेरा नाम माइक पर बोला तो मैं चौंक गया। उनका आग्रह था कि मैं कोई पुराना फ़िल्मी गाना गाऊँ। मैंने मुकेश का एक पुराना गाना गाया। गाना ख़त्म होने के बाद जो नज़ारा था, उसे देखकर मैं भौचक्का था। वहाँ बैठे बुजुर्ग अपनी सीट से खड़े होने की कोशिश कर रहे थे। उनमें से ज़्यादातर बीमार थे। इंग्लिश में 'वन्स मोर वन्स मोर' चिल्ला रहे थे। कुछ के गले से तो आवाज़ ही नहीं निकल रही थी। फिर भी वो हाथ से इशारे कर रहे थे। लगातार स्थानीय भाषाओं व अंग्रेज़ी के सम्पर्क में रहने के कारण उनमें से ज़्यादातर हिन्दी बोल नहीं रहे थे पर वह हिन्दी गानों को बख़ूबी समझते थे। उनसे उनके दिल जुड़े थे। एक ने टूटी-फूटी हिन्दी में बताया—आपके गाने ने हमें याद दिलाया कि हमारा देश तो भारत ही था। हमारी भाषा तो हिन्दी ही थी। वे सब लोग आये ज़रूर मज़दूर के रूप में थे पर अब ठीक-ठाक मिडिल क्लास के समृद्ध लोग थे। हाँ, अब उम्र के कारण कमज़ोर और बीमार थे। उनके आग्रह पर मुझे दो गीत और गाने पड़े। गाने ख़त्म होने के बाद वे लोग अजीब-सी भाषा में शोर मचा रहे थे। तालियाँ पीट रहे थे और कुछ लोग तो न जाने का आग्रह कर रहे थे। तब तक सिद्धार्थ और हृदयेश को भी मतलब भर का मसाला मिल चुका था। उनकी शाम की रिपोर्ट तैयार थी। उसके एक हिस्से में मेरे गाने का एक अंश भी था। अगले दिन कई साथियों ने मुझे भारत से सन्देश भेजे कि उन्होंने इस रिपोर्ट में मुझे गाते हुए देखा। मैं अभिभूत था। मेरी वजह से उन बुजुर्गों को जो ख़ुशी मिली, वो हमेशा मुझे याद रहती है।

हालाँकि भारतीयों को डरबन में कई बार अजीबोग़रीब हालात का सामना करना पड़ता है। भारतवंशियों की वहाँ अच्छी-ख़ासी आबादी है। अक्सर बस में, बाज़ारों में और रेस्टोरेंट में हमें अपने ही जैसे लोग नज़र आते थे। एक दिन एक रेस्टोरेंट में एक भारतीय युवती सामने वाली सीट पर बैठी थी। उसने मुझे देखा और अभिवादन वाली मुद्रा में मुस्करा दी। मैंने पूछ लिया कि आप भारत में कहाँ से हैं। मेरी हिन्दी सुनकर वह इधर-उधर देखने लगी। फिर उसने अंग्रेज़ी में कहा कि उसे हिन्दी नहीं आती। वह भारतीय भी नहीं है। उसके पापा भी दक्षिण अफ्रीका में ही पैदा हुए थे। हाँ, उसके बाबा ज़रूर भारत से आये थे लेकिन न तो वह कभी भारत गयी है, न वहाँ के बारे में ज़्यादा जानती है और न ही वहाँ की भाषाओं को समझती है। उसका चेहरा ज़रूर भारतीय लगता है। इस घटना ने मुझे अच्छा सबक दिया। यूरोप, अमेरिका में आपको ऐसी दिक़्क़तों का सामना नहीं करना पड़ता। अगर कोई भारतीय-सा दिख रहा है तो वह भारत का ही होता है। ज़्यादा हुआ तो पाकिस्तान, बांग्लादेश या श्रीलंका का। डरबन की तरह नहीं। शक्ल से एकदम भारतीय पर ज़रा-सी भी भारतीयता नहीं। हम लोग इसी तरह रोज़ाना डरबन को समझते। एक दिन हमारा वहाँ के रेडियो में भी जाना हुआ। वहाँ एक कार्यक्रम में क्लाइमेट पॉलिटिक्स के बारे में हमसे बात की गयी। चलिए फिर से वापस आते हैं क्लाइमेट पॉलिटिक्स पर। आयोजन स्थल पर भारतीय खेमे में माहौल काफ़ी गर्म था। भारतीय प्रतिनिधि के यूरोपियन कम्युनिटी के लोगों को जवाब देने के लिए दस्तावेज़ तैयार कर रहे थे। उनमें ख़ासतौर पर ज़िक्र था क्योटो प्रोटोकॉल का। इसमें विकसित देशों के लिए वर्ष 1990 की तुलना में पाँच फ़ीसदी कार्बन उत्सर्जन में कटौती करनी थी। पश्चिमी देश अपना वादा पूरा करने में नाकामयाब थे। लिहाज़ा दुनिया दो हिस्सों में बँटी नज़र आ रही थी। अब विकसित देश चाह रहे थे कि एक क़ानूनी रूप से बाध्यकारी समझौता हो जिस पर दुनिया के सारे मुल्क दस्तख़त करें। इसमें सबके लिए लक्ष्य निर्धारित किये जायें। ख़ासतौर पर चीन और भारत पर। भारत को यह प्रस्ताव तब तक नामंजूर था। हमारे लोगों का कहना था कि पहले विकसित देश अपना वादा पूरा करें। हम लोगों के लिए यह खींचतान नयी नहीं थी। कम-से-कम मैंने कोपेनहेगन और कैनकुन में भी ऐसा ही कुछ देखा था पर यहाँ लग रहा था कि मामला कुछ ज़्यादा टेढ़ा हो रहा था। लगने लगा कि यह सम्मेलन भी निर्धारित अवधि से ज़्यादा लम्बा खिंच सकता है। हमें फ़िक्र थी कि हमारे टिकट तो पहले से ही हो चुके थे। अगर ज़्यादा खिंचा तो सम्मेलन बीच में ही छोड़कर जाना पड़ेगा।

❑❑❑